JN125935

ヘルスケア経営組織論

──病院組織の発展課程──

羽田明浩 ［著］

文眞堂

はじめに

　本書の述べる「ヘルスケア経営組織」の組織運営は大きな転換点を迎えている。これは，団塊の世代が 75 歳以上の後期高齢者となる 2025 年問題をきっかけとした地域医療構想が進められていることが背景にある。ヘルスケア組織は，病院完結型の医療から地域完結型の医療への変更が求められ，さらに高齢者が住みなれた地域で暮らすことができるよう地域包括ケアシステムの推進が行われている。

　本書は，「ヘルスケア経営組織」のうち，主に病院組織の発展段階に関することを述べたものである。
　そもそも組織とは，バーナードによれば明確な目的のために 2 人以上が協働するものとされている。本書が述べるヘルスケア経営組織はこの定義が述べるように，医療サービスを提供する目的で，多くのヘルスケアスタッフがお互いに連携して患者の治療に当たっている。「組織は戦略に従う」はチャンドラーが述べた名言である。これは組織の構造がその組織発展とともに変容することを述べたもので，最初の単一組織が，職能別組織となりさらに事業部制組織へ移行することを著している。ヘルスケア組織もその組織発展によって単一診療科の診療所が，複数診療科を有するようになり，さらに病院組織へと移行する過程で職能別組織に移り，さらに規模拡大により事業部制となっている事例を本書において採り上げている。
　筆者は大学の学部で経営組織論と組織運営管理論と企業論を，大学院で組織行動論の授業を担当している。これらの授業では一般企業の組織の事例を採り上げるとともに，ヘルスケア組織の事例も多く採り上げており，それらの講義ノートは本書の一部となっている。
　少し，筆者がヘルスケア組織を研究する経緯について述べさせていただく。
　大学院博士課程後期課程に進学した際に，当初は病院組織の発展段階の研究

により博士論文を執筆しようと考えて，古書店から病院史 20 数冊を購入して病院組織の開院から現在までの組織発展に関する研究を行っていた。その研究成果として，日本マネジメント学会で「病院組織の発展段階の検証―国際医療福祉大学と聖路加国際病院の事例―」を発表している。さらに「病院組織の発展段階モデルの検証―聖路加国際病院の事例研究」がビジネスクリエーター研究 Vol.1, pp.51-66 に掲載されている。

　しかし，その後は研究に行き詰まり，博士論文は競争戦略論を背景としたものを執筆し，病院組織の研究は頓挫したままであった。そのため，古書店より入手した病院史 20 数冊は本棚に置かれたままで 10 数年が経過した。そのような中にあって，たまたま昨年と今年執筆した 3 冊の本（医療経営戦略論，ストーリーのない経営学の教科書，ポストコロナのヘルスケア経営戦略）の原稿を書くために改めて数冊の病院史を読み込んだところ，強くヘルスケア経営組織について執筆したいと考えたことが本書出版に繋がった経緯である。

　本書の構成は次のようになっている。

　第 1 章の組織理論については，基本的な組織理論について述べている。

　第 2 章のヘルスケア組織の組織特性は，1．で病院組織の歴史背景について述べ，2．規制業種としての病院組織の特色は，法規制等の制約が組織運営に及ぼす影響についてであり，3．ヘルスケア組織の階層型組織と，4．ヘルスケア組織のネットワーク組織は，ヘルスケア組織のヒエラルキー組織とノンヒエラルキー組織の特長を述べており，5．地域医療連携推進法人は，2015 年の医療法改正により創設可能になった法人組織について述べたものである。

　第 3 章のヘルスケア業界の動向は，1．ヘルスケア業界の市場規模を，2．ヘルスケア業界の動向を述べている。

　第 4 章のヘルスケア組織の発展段階の事例では，7 つのヘルスケア組織の創設から現在までの発展の歴史を検証している。1．設立母体の開設時の組織形態について述べ，2．経営理念の比較を行い，3．事例対象のヘルスケア組織の発展段階について述べている。

　事例として採り上げたのは，① 国際医療福祉大学・高邦会グループ，② 聖路加国際病院，③ 社会医療法人慈泉会相澤病院，④ 大阪赤十字病院，⑤ 東京都済生会中央病院，⑥ 社会医療法人母恋 日鋼記念病院，⑦ 昭和伊南総合病院

の事例である。この 7 つの事例を見ると，各組織は開設から今日まで様々な困難を乗り越えたうえで発展してきたことが分かる。

　本書の事例で採り上げたような，1 人の医師が診療所を開設し，診療体制の拡充と設備拡大によって病院へと移行し，さらに診療科の増設と増床によって病院施設の規模を拡大するという，ヘルスケア組織の発展段階の拡大は今日では難しいものと捉えられる。それは，医療圏における病床規制と現在進められている地域医療構想によって回復期病院以外の開設と増床が難しくなっているためである。

　本書は，ヘルスケア組織に勤務しているヘルスケアスタッフにわが国の著名な病院がどのように困難を乗り越えて発展してきたのかを読んでいただき，勤務するヘルスケア組織が困難に直面した時の参考としていただきたい。そして，経営組織論を学んでいる大学の学部生や大学院生にヘルスケア組織の発展段階を理解するものとして読んでいただきたい。

　本書を出版するにあたり，前国際医療福祉大学教授の武藤正樹先生にサポートをいただいた。博士課程の指導教員であった立教大学名誉教授の鈴木秀一先生には，執筆に際しての様々な助言をいただいた。筆者が担当する大学院ゼミナール院生並びに OBOG からは執筆のヒントをいただいている。そして，本務校の教職員の方々からのご厚情に深謝の意を表する。

　最期に，本書の執筆機会を快く与えていただいた株式会社文眞堂の前野隆社長と前野弘太さまに感謝申し上げる。

2022 年秋

羽田明浩

目　　次

第 I 部

第1章

組織理論について

　病気になった人々が治療を受ける際に行われる診療行為は，病院をはじめとするさまざまなヘルスケア組織の活動によって提供されている。本書がテーマとするヘルスケア組織を理解するためには組織理論を理解することが必要であろうと考える。

　そのためこの章では，組織の基本的な仕組みを理解するために必要な組織理論の説明を行う。

組織について

組織の定義

　組織の定義について，バーナード（1938）は次のように述べている。

　「組織とは，明確な目的のために2人以上の人々の意識的に調整された活動や諸力の複合体である」。この文章が述べていることは，組織は1人では成立せず，少なくとも2人以上が必要で，明確な目的のため意識的に協働作業が行われる複合体であることである。

　そして，ダフト（2001）は組織について次のように述べている。「組織とは，社会的な存在，目標によって駆動，意図的に構成され調整される活動システムであり，外部の環境に結びついている。そして，組織の要素は建物や方針や手続きではなく，組織は人々と人々の相互関係で成り立っており，人が相互作用により，目標の達成につながる基本的な機能を果たすとき組織が存在する。そのうえで，外部環境との結びつきは，部門間の境界のみならず，組織間の境界は従来よりも柔軟性を持ち，融合し合いながら，外的環境の変化に迅速に対応

することが重要になっている。組織は顧客やサプライヤー，競争相手，その他の外部環境の要素と相互作用することなしに存在せず，競争相手と協力して相互利益のために情報や技術を共有し合う企業もある」。

　ダフトは，バーナードが述べる組織を発展させ，組織は外部の環境と結びついているオープンシステムであることを述べている。

　今日の組織理論は，組織を取り巻く外部環境の影響を組織は受けたうえで，外部環境に影響を及ぼすオープンシステムであることを前提に理論展開が図られている。

組織の要素

　バーナードは，「組織は，相互に意思を伝達できる人がいて，それらの人々は行為を貢献しようとする意欲をもって，共通目的の達成を目指すときに成立する」と述べ，組織の要素は，伝達（コミュニケーション），貢献意欲，共通目的である，と述べている。

　「共通目的」は，組織が成立する前提条件であり，組織の「共通目的」を実現するために，自分の努力を提供する「貢献意欲」は，組織から提供される誘因（インセンティブ）との比較において「組織からのインセンティブ≧組織への貢献」の関係を組織構成員が判断した時に成り立つ。

　そして，組織の目的の達成のための諸活動を調整するための「コミュニケーション」は不可欠である。コミュニケーションは，組織の形態や範囲を決定するものであり，重要な意味を持っている。

組織の存続

　バーナードは，組織の3要素のほかに，組織が成立し存続するための2つの基本原理を掲げている。それは，「組織の効率」「組織の能率」である。

　「組織の効率」は，組織の目的を達成する能力あるいは達成の度合いを意味するものである。組織の目的が達成されなければ組織は存続しないであろう。そして，組織の効率は組織の環境条件と組織行動の適切さに依存している。組織の効率は組織が存続するための不可欠なものである。

　「組織の能率」は，協働体系である組織の維持に係る概念である。これは組

織の目的の達成に必要な各参加者の貢献を維持する能力のことである。組織の存続は，その目的を達成するのに必要なエネルギーの個人的貢献を確保し維持する組織の能力に依存している。

組織の発生方法

　バーナードは，組織の発生方法は次の4つの異なった方法のうちいずれか一つから生じていると述べている。

・自然発生的によるもの。

・個人が組織しようとする努力の結果によるもの。

・既存の親会社から派生した子組織によるもの。

・分裂，反逆，外部からの干渉によって既存組織から分離したものによるもの。

　自然発生的によるものは，共通目的を達成するために2人以上が同時に努力する場合に生じ，偶発的な事故に伴って生じる場合が多い。

　個人が組織しようとする努力の結果によるものは，1人の創始者の意識的な計画によって，目的をいだき，それを定型化し，これを他人に伝えて自分と協働するように仕向けるのである。

　既存の親会社から派生した子組織によるものは，親組織が新しい単位を組織するために人を派遣して補助組織を育成する場合である。

　分裂，反逆，外部からの干渉によって既存組織から分離したものは，成長の結果もあれば分裂による場合もある。拡張のための再組織の場合も多いし，他の情況では個人の離反力の結果や目的の対立が発展した場合もある。

内部取引と取引コスト

　ウィリアムソン（1975）は，市場と組織の2つの代替的取引様式の中で，組織が選択されるのは取引コストの比較においてであると述べている。組織の拡大に伴う分業を行う手段として，組織外の市場によって経営資源を獲得するのか，あるいは組織内階層を通じて経営資源を得るかの選択はその取引に係るコストの比較において決定することを述べている。

　ここで取引コストは次の要因から決まると述べて，取引主体の人の要因であ

る「限定された合理性」と「機会主義」と取引環境の要因である「不確実性」によるとしている。

「限定された合理性」は，サイモンが提唱しており，人間の能力には限界があり「限定された合理性」の範囲内で合理的に行動するとしている。ウィリアムソンは「限定された合理性」のもとで取引コストを検討すると述べている。「機会主義」は，自己の利益につながれば状況に応じてあらゆる手段を利用することであり，機会主義によって行動の多様性が発生することになる。

市場取引によって発生する取引コストを節約回避するための手段として組織内取引が発生することになる。これは市場取引を組織内に置き換えようとするものであり，取引を内省化することである。事例として垂直統合によって川上の事業を統合することで，仕入代金を削減するものがある。

このようにウィリアムソンは市場と組織の2つの選択の中から取引コストの存在を通して組織が形成される理由を説明している。

組織デザイン

全ての組織は，どのような組織構造にするのかという問題に対して組織の発展に伴って組織再編成を経験する。組織が選択する戦略に合わせて，あるいは組織を取り巻く外部環境に対応するため組織構造を変えることになる。

個々の組織は，その組織の発展と外部環境に合わせて組織構造を変えていくのであり，ある組織にとって最適な組織であっても，他組織によっては必ずしも最適な組織ではないことから，「唯一最善の組織はない」と言われている。

組織デザインは，従来型の組織デザインで分類すると，集権的な組織である職能別組織，分権的な組織である事業部制組織，両者を統合したマトリックス組織がある。

職能別組織

職能別組織は，生産，販売，経理，人事などのように同種の専門的な知識を必要とする職能別に分化され部門化されている組織形態をいう（図表1-1）。

職能別組織の特徴は，特定の活動に関する職員の知識技能が統合され，専門的な知識や情報の収集と専門家の育成が容易になる。生産や販売を一括して各

図表1-1　職能別組織

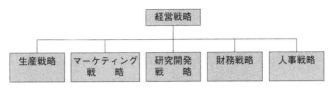

出所：石井ほか（1985）p.12

部門で行うため，設備や人員の集中利用が可能になり効率化が図れる。組織のために価値のある付加価値の提供が可能になる。各部門間の調整はトップマネジメントが行うため，中央集権的な管理が行われる。一方で，トップマネジメントの負担が大きく，職能部門間の調整コストが大きくなる。職能的な専門家は養成されても，各職能を総合して企業経営を行う全社的経営者の能力要請はされにくい。

職能別組織の長所
・各機能部門内で規模の経済性が図れる。（重複や無駄を省くことによる）
・知識や技能の開発を深く進められる。
・組織が機能別の目標を達成できる。
・単一もしくは少数の製品数において最も効果がある。

職能別組織の短所
・部門間調整が必要な環境変化への対応が遅れがちになる。
・意思決定がトップマネジメント階層に負担が掛かりすぎ迅速な対応が不可となる。
・部門間調整が乏しくなりイノベーションが起こりにくい。
・各従業員にとって組織の全体像がつかみにくい。

水平方向と連結する職能別組織

　最近の組織デザインは，従来よりもフラット低階層で，水平方向重視の組織構造に向かう傾向がある。水平方向の連結システムであるネットワーク組織，

コラム：公式組織と非公式組織

　本書が扱う組織は，2人以上が意識的に調整された活動や諸力の体系である公式組織である。しかし，組織には公式組織の他に非公式組織もある。非公式組織は，とくに意識された共同目的を持たない感情の論理によって，個人的な接触や相互に作用し合うものである。

　バーナードは，公式組織は非公式組織から発生し，公式組織の中に非公式組織を創造すると述べている。これは，個人的な接触や相互作用による非公式組織によって，意識的に調整された公式組織が発生して，その公式組織の中にコミュニケーションによって非公式組織が発生することである。

図　公式組織と非公式組織

公式組織
2人以上の人々の意識的に調整された活動の体系 コミュニケーション，貢献意欲，共通目的を有する
非公式組織
個人的な接触や相互に作用し合う とくに意識された協働目的は持たない 感情の論理によるもの

非公式組織　　　公式組織　　　非公式組織

　公式組織の中の非公式組織の例として，大学の新入生の行動をあげることができる。筆者は大学教員としてこれまで何度もこの事例を見てきた。1年生の授業において4月の授業では，お互いが良くわからないままに教室で受講していた学生たちも5月になれば，仲の良い学生同士で集まって講義を受けるようになる。さらに何人かの仲の良いグループによってサークルや研究会が発足したこともある。

　1年生の経営学の講義では，いつも「いくつかの非公式組織が発生していますね！」と述べて非公式組織の説明をする。ついでに講義に参加する教室での座る位置に関してポジショニングの解説も行っている。

プロジェクトチームなど活用して職能別組織の持つ垂直の階層構造の欠点を，補っている組織も多くみられる。

事業部制組織

　事業部制組織は，製品別事業部，地域別事業部，市場別事業部などに，業績責任単位としての事業部に分化され，これらの事業部が本社によって全般的に管理されている組織デザインである。一般的に，利益センターとして予算損益責任の包括的な決定権限が与えられている分権的な組織であり，本社は全体の方針を決定し，各種の経営資源が配分され，各事業部はそれら資源を獲得する必要がある（図表1-2）。

事業部制組織の長所
　・経営環境のすばやい変化への対応が可能である。
　・事業部内の機能別組織の調整がうまくいく。
　・各製品を個々の顧客や地域の求めている条件への適合が可能である。
　・意識決定が分散されている。
事業部制組織の短所
　・組織としての規模の経済を失うことになる。
　・事業部間の調整が難しくなる。
　・技術の専門性が欠けてしまうことになる。
　・短期的な業績志向に陥りやすい。

図表1-2　事業部制組織

出所：石井ほか（1985）p.12

マトリックス組織

　職能別組織の垂直的階層のうえに，公的に認められた水平的な影響力，コミュニケーションを重ね合わせたモデルである。これは規模の経済性を追求の要求を満たす職能別組織と，多様化した需要への効果的な対応の要求を満たす事業部制組織のどちらか一方の組織構造で調和が難しくなった時に，一つの解決策としてマトリックス組織が登場する。

　マトリックス組織は，水平方向の連結性が強く，独特の特徴として，製品部門と機能部門である横と縦の構造の双方が同時に設けられていることにある。そのため製品部門マネジャーと機能部門マネジャーが組織内に存在し，従業員は両方のマネジャーからの指示を受けることになる（図表1-3）。

マトリックス組織の長所
　・顧客からの二通りの要求に応えるのに必要な調整ができる。
　・人的資源を複数の製品間で融通し合える。
　・複雑な意思決定や不安定な環境において変化へ対応できる。

図表1-3　マトリックス組織

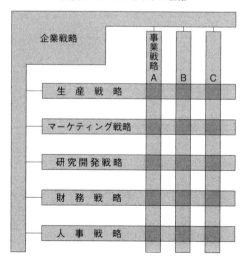

出所：石井ほか（1985）p.12

- ・機能面および製品面のスキル開発チャンスを与えられる。
- ・複数の製品をつくる中規模の組織に最も適している。

マトリックス組織の短所
- ・従業員は二重の権限下に置かれることで混乱を引き起こす。
- ・頻繁な会合や葛藤処理に時間が必要となる。
- ・仕組みをよく理解しないと，上下関係，同僚との協力関係に問題が生じる。
- ・パワーバランス維持に努力を要する。

組織のライフサイクル

　組織の成長と変化について考慮する際に組織のライフサイクルの考えが用いられる。組織のライフサイクルは，組織が生まれ，成長して年を取り，最後は死に至るという人間の人生と同様の流れを示唆するものである。

　組織の構造や管理システムなどは組織のライフサイクルの各段階を通して予測することができる。ライフサイクルの各段階は，ほぼ決まった順番で現れ，自然な形で発達する流れをたどっている。

ライフサイクルの発達段階

　ダフト（2001）は，組織のライフサイクルを4つの主要段階が組織の発達段階を特徴づけると述べている。4つの発達段階は，起業家段階，共同化段階，公式化段階，精緻化段階である（図表1-4）。

　各段階はそれぞれの特徴があり，各段階の危機を乗り越えたうえで，次のステージへ移行している。組織はその成長過程においてライフサイクルの各段階を通過し，各段階にはそれに関連する組織構造，コントロールシステム，目標，イノベーションの特徴がある。　組織のライフサイクルの考え方は，組織の直面する問題や，マネジャーが組織を次の段階へ移行させるための前向きな対応方法を検討する際に用いる有効な概念である。

図表1-4 組織のライフサイクル

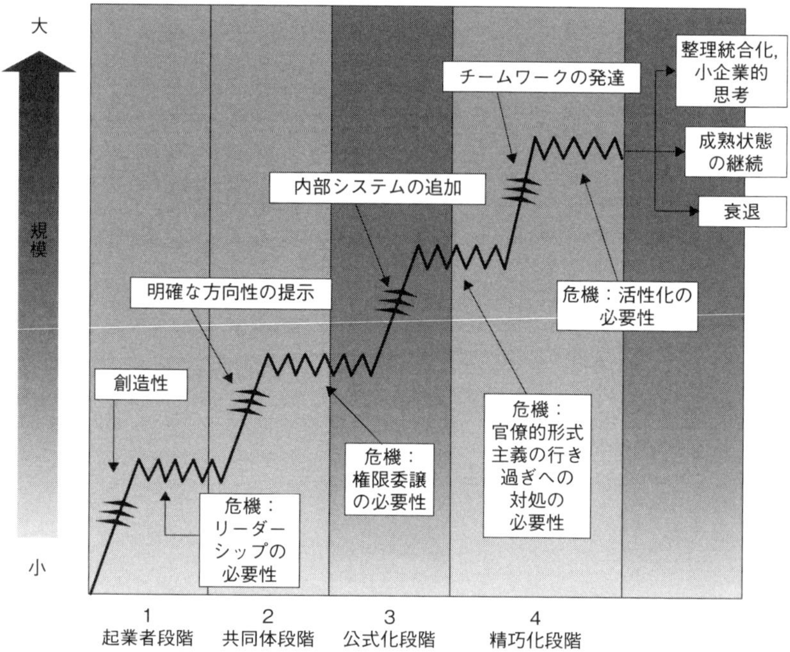

出所：Daft（2001）邦訳 p.167

起業家段階

　組織の誕生時には，組織は小さく組織のスタイルは非公式で非官僚主義的でありワンマンショー的であり，トップマネジャーが組織構造とコントロールシステムを手掛ける。組織の存続と単一の製品サービスの開発と市場での生き残りに重点が注がれる。労働時間は概して長い。成長は創造的な新製品や新サービスによってもたらされる。

　危機：リーダーシップの危機

　組織が成長しはじめると，従業員数の増加が問題を引き起こす。創造力にあふれた技術志向の経営者は，マネジメント上の問題が発生しても，製品の製造販売や新製品・サービスの開発ばかりに精力を注ぐ傾向にある。このような危機に際して起業者は成長が継続できるように組織構造を調整するか，有能なマネジャーを雇い入れることで対処することが必要になる。

共同化段階

　組織の青年期にあたる。リーダーシップの危機が解消されると，強力なリーダーシップの下で組織は明確な目標と方向性を策定しはじめる。成長のペースは速く，権限の階層構造，職務の割り当て，当面の分業が確立し，事業部門体制が形成される。従業員は組織のミッションを意識するとともに，共同体の一員であると感じる。コミュニケーションとコントロールは，ある程度公式な実務手続きが現れ始めるものの，非公式なシステムが大半である。

　危機：権限移譲の必要性

　新しいマネジメント層によって組織運営がうまくいく過程で，従業員は強力なトップダウン型リーダーシップによる制約について徐々に意識するようになる。下位のマネジャー層は自分の職務分野への自信からより大きな裁量を求めようとする。ここで強力なリーダーシップとビジョンにより成功を収めたトップマネジャーが権限を手放したがらないときに危機が生じる。トップマネジャーによる強力なリーダーシップなしに各事業部門をコントロールする組織内メカニズムを見出すことが必要になる。

公式化段階

　共同化段階から次の公式化段階では組織は中年期にさしかかっている。官僚主義的な特徴のルール，手順，コントロールシステムが導入される。コミュニケーションは以前より少なくなり，公式化する。トップマネジメントは戦略や企画立案などの問題に携わるようになり，会社の業務活動はミドルマネジャーに任される。明確な階層構造と分業を確立する。主たる目標は組織内部の安定と市場の拡大である。トップマネジメントは権限委譲を行う必要がある。

　危機：官僚的形式主義の行き過ぎ

　組織の発達の公式化段階の時点では，システムや制度の増大により現場のミドルマネジャーが，組織内の体制に息苦しさを感じる頃には組織が官僚化している様子がうかがえる。現場マネジャーは本部スタッフからの意見の押し付けに不満を感じることもでてくる。イノベーションが制約されることもある。肥大化した組織は公式プログラムによる管理は複雑になってくる。

精緻化段階

　成熟期の段階にある組織は大規模かつ官僚主義的で包括的なコントロールシステムやルール，手続きを有している。官僚的形式主義の行き過ぎへの解決策として，官僚主義のなかに協力とチーム志向の育成を試みる。協力体制を実現するために，職務や会社の部門間を横断して，プロジェクトチームやタスクフォースが作られることもある。スモール組織の価値観と発想を維持するために小集団活動として，組織が複数組織に分割される場合もある。

　危機：活性化の必要性

　成熟に達した組織は一時的に後退期に入ることもある。組織が環境に適合せず，動きが鈍くなり過度に官僚体制化した場合は，刷新とイノベーションが必要になる。この時期にはしばしばトップ交代が行われる。

組織の発展段階モデル

　チャンドラー（1962）は，企業組織の発展について次の命題を掲げている。組織構造は企業の成長戦略に従う。企業の戦略と企業構造の関連には段階的な発展の順序がある。そしてこれらから「組織は戦略に従う」という名言を残している。

　そして，アメリカ企業の成長の段階についてチャンドラーは次のように述べている。

　ほとんどの企業の始まりは，工場や営業事務所や倉庫のような単一の部局であり，一つの産業に属し，一か所に立地し，製造，販売，卸しのような単一の職能であった。企業の成長は，まず量的拡大が始まることで，管理部門の必要性が生じる。

　次に地理的拡大の戦略により，同一産業，同一職能ではあるが異なった複数地域に立地する現業単位群が作られた。この単位間の調整，専門化，標準化などの管理上の問題を処理するために，職能部門の管理部局が編成された。組織の次の発展は垂直統合によるもので，同じ産業内ではあるものの，他の職能を吸収創設した。2つ以上の相互依存する職能間に流れる財の動きを調整するため，新しい管理上の問題が生じた。こうして予測，生産計画，生産設備能力の調整の技法が発達した。

　最終段階は，製品多角化であり，企業は主力市場の衰退につれて既存の資源を利用するべく新しい産業に進出した。こうして製品多角化によって生じた新しい組織形態が事業部制組織である。

　ガルブレイスとネサンソン（1978）は，組織の発展段階モデルについて，次のように述べている。単純な組織形態から出発した組織は多様性が増すにつれて新しい組織形態へ移行する。組織は職能を加え製品を増やし，地理的拡大を行い，それらに合わせて組織構造を変えるとしている。出発は単一職能と単一製品ラインだけの単純な組織構造である。組織構造は量的な拡大によって規模が増大すると分業が生じて分化する仕事の調整のために単一職能組織が生まれる。次に職能別組織は練り上げられて大規模な集権的企業である職能別組織となる。次に内部成長と買収によって関連事業の多角化を追求する企業は事業部

図表1-5　組織の発展段階モデルの要約

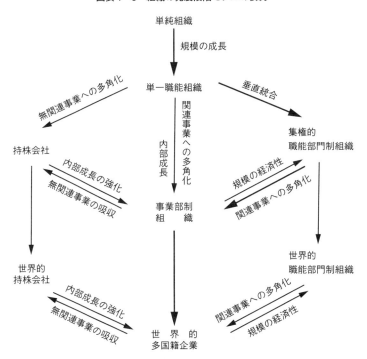

出所　Galbraith and Nathanson（1978）　邦訳 p.139

制組織を採用する。

　チャンドラー，ガルブレイスとネサンソンが述べることは，企業はいきなり事業部制組織を形成するのではなく，企業の規模と成長に合わせて，いくつかの発展段階があり，一般的には，単純組織から単一職能組織となり，職能別組織へ移行し，多角化によって事業部制組織に移行するのである（図表1-5）。

組織のパーツと組織形態

　組織を構成するさまざまなパーツは，組織の重要なサブシステム機能である生産や管理やマーケティングなどのマネジメント機能を果たすために設計される。

　ミンツバーグ（1981）によれば，どのような組織にも5つのパーツがあるとしているが，組織を構成する5つのパーツとは，テクニカルコア，トップマネジメント，ミドルマネジメント，テクニカルサポート，経営サポートである（図表1-6）。

　組織はまずある考えを持った人間から始まる。この人間が司令塔でありトップマネジメントを形成する。そしてオペレーションの主役である組織の基礎的作業を担当する人々を雇用する。やがて組織が成長するにつれ，トップマネジメントとオペレーション実行者の中間に中間管理職のミドルマネジメントが形成される。このほか組織には二種類のスタッフ職が必要になる。第一のスタッフは仕事の公的な計画とコントロールに関するシステムつくりを担当する分析スタッフでテクノストラクチャーである。第二のスタッフはサポートスタッフで，組織の他の部分に対して間接的サービスを提供する。

　テクニカルコアは，実際に組織の製品とサービスを産出する部門であり，このパーツに属する人々は組織の基礎的な作業を担い，組織がインプットしたものをアウトプットへの主要な変換が行われる場である。

　トップマネジメントは，明白なサブシステムとして組織全体あるいは他のパーツに方向，戦略，目標，方針を与える。

　ミドルマネジメントは，事業部門レベルで実行と調整する責任を負う。伝統的な組織では，テクニカルコアの橋渡しとして階層の上下への情報伝達の役割を担う。

図表1-6　組織の5つ基本要素

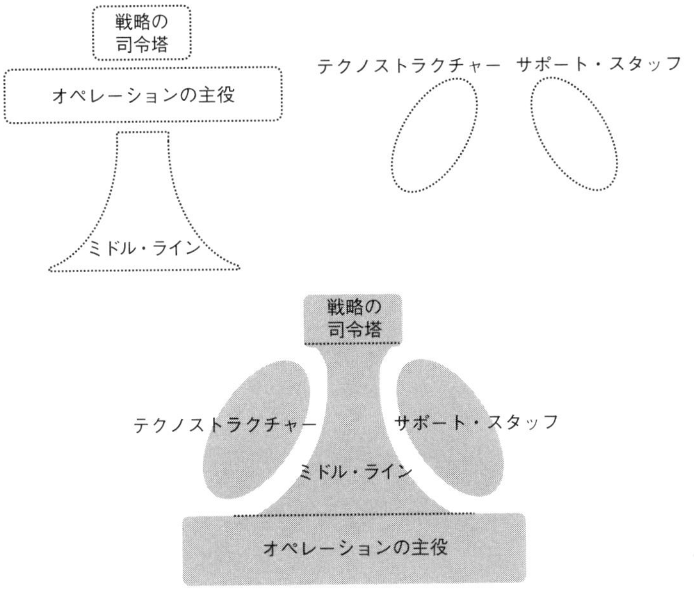

出所：Mintzberg（1981）邦訳 p.260

　テクニカルサポートは，組織が環境に適応するのを手助けする機能を担い，この部門に属する技術者や研究者は，外部環境に目を配り，問題やチャンスや技術開発がないかを探る役割がある。

　経営サポートは，円滑な操業と物理的要素と人的要素を含む組織の維持を担当する。この部門には，人事部門や総務部門管理部門や保守メンテナンス部門などが含まれる。

　現実の組織は5つのパーツが相互に関連し，一つ以上のサブシステム機能を果たす。マネジャーはほかのパーツの調整し指示を与えるが，経営サポートやテクニカルサポートに係ることもある。他のいくつかのパーツは組織の外部環境との橋渡し役を務める。経営サポートでは人事部門が外部環境に働きかけ優秀な人材を見つける責務を負い，購買部門は必要な原材料，供給品を購入する。

　ミンツバーグは，5つのパーツを結びつけることで組織の全体像ができあが

るとして，組織構造の主目的は，多種多様に分割された仕事を調整することであり，調整方法によって組織がどのような形を取るのかが決まってくると述べ，次のような5つのコンフィギュレーションを掲げている。

　5つのコンフィギュレーションとは，① 単純構造，② 機械的官僚制，③ プロフェッショナル的官僚制，④ 事業部制，⑤ アドホクラシーである。

　この中で，ヘルスケア組織である病院組織のコンフィギュレーションは，プロフェッショナル的官僚制であると述べその特徴も後述のように述べている。

単純構造

　最も単純な組織で，直接の監督による戦略の司令塔で調整が行われる。CEO が命令を下し，最低限のスタッフとミドルラインしか持たない組織である単純構造が生まれる。

　古典的な起業家的企業であり，何よりも多くのものが欠落しており，行動はほとんど標準化も公式化も未整備であり，分析スタッフや調整機能のミドルラインも不要である。ダイナミックな環境においては有効であるが，生産方式の多様化への対応はできない。

機械的官僚制

　作業プロセスの標準化による調整がすすめられる場合は，組織の全体管理構造は標準化を設計するテクノストラクチャーを拡充する必要があり，これにより機械的官僚制組織が生じる。

　この組織は調整のための作業プロセスの標準化による非熟練職位無と高度専門化した職務に重点が置かれる。ミドルスタッフには大きな管理階層が機能別に構築されている。トップマネジメントへの中央集権化のため，組織の環境も生産方式も複雑な状況下では対応が難しくなる。職能別組織である官僚制組織を意味するものである（図表1-7）。

図表1-7　5つのコンフィギュレーション

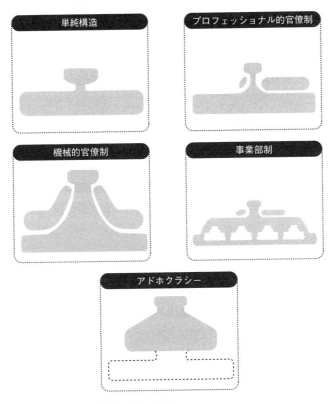

出所：Mintzberg（1981）邦訳 p.262

プロフェッショナル的官僚制

　病院組織はこのプロフェッショナル組織である。その他，学校や会計事務所などがこの組織構造である。この組織は，組織にはオペレーションの主役部分に熟練した専門職とそのサポートに当る相当人数のスタッフが必要になる。しかしテクノストラクチャーや管理層であるミドルマネジメントはそれほど必要ではないプロフェッショナル組織の形態が生じる。

　この組織のオペレーションの主役は，専門的訓練を受けたプロフェッショナルであり，スキルが高く仕事に対して大幅な権限を委ねられている。その結果，組織は分権化の程度が非常に高くなる。オペレーション面，戦略面におい

て多くの意思決定権限はオペレーションの主役であるプロフェショナルへと働く。

事業部制組織

　組織はいくつかの並行的業務ユニットに分割されることがある。この場合各ユニットのミドルマネジャーに自主性が認められ調整はこれらの業務ユニットの業績などによって田精される。これが事業部制組織の出現したゆえんである。

　組織が部門別に分かれる最大の理由は製品の多角化である。製品多角化が起きると組織は大きな製品系列ことに市場ベースユニットである事業部をつくり，各事業部門に運営の自主性を委ねるようになる。事業部制組織は，現在では大規模企業のほとんどで採用されている。

アドホクラシー組織

　サポートスタッフに見識のあるスペシャリストを使い，相互調節により調整されたプロジェクトチームで共同作業を行う組織で，ラインとスタッフの関係が解消されたのがアドホクラシー組織である。

　複雑なイノベーションが要求される環境下にあって，官僚制組織では柔軟性を欠き，単純組織では集権化すぎる。専門部署からスタッフを集め，スムーズに機能する創造的なチームにまとめ上げていくプロジェクト構造が必要であり，プロジェクトチームの構造であるこのアドホクラシー組織が登場することになった。

ヒエラルキー組織とネットワーク型組織

　組織の分類は，組織デザインによるもの，組織ライフサイクルによるもので分けることができる。これらの分類のうち，組織デザインによるものとして，ヒエラルキー組織と，ヒエラルキー組織の中にあってより柔軟性のある組織構造であるネットワーク組織に分類することができる。

　佐藤（2003）は，これまでの研究をまとめたうえで，組織の分類を大きく，ヒエラルキー組織と，ネットワーク組織に分類してその特徴を述べている（図

図表1-8　ヒエラルキー型組織とネットワーク型組織のデザイン特性

	ヒエラルキー型組織	ネットワーク型組織
意思決定	集権的 個人的	分権的 集団的
コミュニケーション	垂直的	水平的
コントロール	公式的・他律的	非公式的・自律的
組織編制	固定的	流動的
メンバー	固定的・専門的 均一・同質	流動的・総合的 多様・異質
リーダーシップ	固定的・権限や地位に基づく 命令指示的	流動的・知識や能力に基づく 創発誘導的
組織の境界	内部統制型 固定的・閉鎖的	提携・協力型 流動的・開放的

出所：佐藤（2003）p.18

表1-8）。

　この中でヒエラルキー組織は，その典型的な特徴は以下の特徴がある。

　管理的命令による調整，タイトな関係，垂直的なコミュニケーション，職能志向，集権的意思決定，地位や規律によるコントロール，命令・服従関係などであり，官僚制組織，職能別組織，機械的組織などの組織タイプに類似する。

　一方で，ネットワーク組織の特徴は，ダイナミックな結びつき，臨機応変な多対多の直接コミュニケーション，プロジェクト志向，分権的意思決定があり，分権化組織，有機的組織，革新的組織，ネットワークなどの組織タイプに類似するものであると述べている。

プロジェクトチーム

　ある目的を遂行するために組織横断的に集められた人々によって編成された臨時的（アドホック）な活動集団のことであり，任務終了後に解散することから期間限定の活動であることからタスクフォース（機動部隊）と言われることもある。何らかの対応や問題が発生した時にそれらの問題等の解決を目的として編成されることが多い。

　問題対処などからのチーム編成という受動的な編成動機から，新製品開発プロジェクトなど能動的な活動理由から編成されることもある。

ネットワーク組織

　命令系統や権限や責任が明確な階層構造と異なり，相互理解や契約などの合意形成によって緩やかに結び付いた関係に基づく組織である。構成要素間の緩やかで自由度の高い関係概念であるが，ネットワーク組織と関係性を有する構成要素は複雑で多岐にわたる。

　ネットワーク組織は，相互に経営資源の依存関係が存在し，協働活動の頻度が高く相対的に結びつきがタイトな関係もある一方でネットワークに参加する関係者の間の境界は曖昧な関係も多い。

参考文献

Barnard, C. I. (1938) The Functions of Executive, Cambridge, Mass: Harvard University Press. (山本安次郎・田杉競・飯野春樹訳 (1968)「経営者の役割」ダイヤモンド社)

Chandler, A. D. (1962) STRATEGY & STRUCTURE, Massachusetts Institute of Technology. (有賀裕子訳 (2004)『組織は戦略に従う』ダイヤモンド社).

Daft, R. L. (2001) Essential of Organization Theory & Design, 2nd Edition, South-Western College Publishing. (高木晴夫訳 (2005)『組織の経営学』ダイヤモンド社).

Galbraith, J. R. and D. A. Nathanson. (1978) Strategy Implementation: The Role of Structure and Process,West Publishing Co. (岸田民樹訳 (1992)『経営戦略と組織デザイン』白桃書房).

Simon, H. A. (1945) Administrative Behavior (二村敏子・桑田耕太郎・高尾義明・西脇暢子・高柳美香訳「経営行動」(2009) ダイヤモンド社)

Williamson, O. E. (1975) Markets and Hierarchies The Free Press. A Division of Macmillan Publishing Co., Inc. (浅沼萬里・岩崎晃訳 (1980)『市場と企業組織』日本評論社)

Mintzberg, H. (1981) "Organization Design: Fashion or Fit?," Harvard Business Review, January-February. (「組織設計流行を追うか適合性を選ぶか」『DIAMONDハーバード・ビジネス』1981年6月号).

石井淳蔵・奥村昭博・加護野忠雄・野中郁次郎 (1985)『経営戦略論』有斐閣.

佐藤耕紀 (2003)「組織類型論の統合に向けて：ヒエラルキー型組織とネットワーク型組織の組織デザイン特性」防衛大学校紀要 Vol.87,pp1-28

高松和幸 (2013)『経営組織論の展開』創成社.

羽田明浩 (2017)『ナースのためのヘルスケアMBA』創成社.

第2章

ヘルスケア組織の組織特性

　前章でも述べたように治療を受ける際の診療行為は，病院をはじめとするさまざまなヘルスケア組織の活動によって提供されている。ヘルスケア組織は一般企業業等の組織と異なった特徴を持っている。

　そのためこの章では，ヘルスケア組織の組織特性についての説明を行う。

1. 病院組織の歴史背景

　病院という言葉は，明治元年に初めてつけられたもので，それ以前は養生所または療養所という言葉が用いられていた。中国では病院のことを医院と呼び，わが国でも医院と呼んでいたが，明治維新後，欧米式病院が導入された際に病院という言葉がつくられ，医院は患者を入院させない診療所を意味するようになった。医院とは医者の家ということである。欧米の患者の家や患者を収容してお世話する場所との違いは，病院の成立の沿革をみると明らかである（橋本・吉田，1972；一条，1982）。

　医制八十年史（1955）によれば，わが国の近代医学による病院は文久元年長崎に設立された養生所が創始とされている。明治維新後，病院は漸増し明治元年に新政府により傷病者の収容治療のため京都に御親兵病院および横浜に仮軍事病院が設立された。横浜の仮軍事病院は東京下谷に移され大病院となり，先に再興された旧幕府の医学所がこれに附属することになったが，翌明治2年に医学校兼病院と改められ，やがて医学校が大学東校に改称され，病院は附属施設として運営された。また地方にあっては佐賀，福井，金沢等諸藩が相次いで病院を開設した。廃藩置県後は府県行政の発達に伴い公立病院も漸増し1877

年には病院の無い府県は殆ど無いようになり，1877 年の病院数は官立 7 病院，公立 64 病院，私立 35 病院，総計 106 病院であった。

　明治政府により，公立病院を中心に進められた病院整備施策は松方財政（1881 年）のもとで転換期を迎えることになった。デフレ政策と富国強兵政策により軍事・産業が優先される中で，衛生費は削減され府県による公立病院の経営や公立医学校の運営は禁止された。その後は私立病院を中心に病院は発展するようになった（新村，2006）。

　わが国の病院に民間病院が多い理由は，明治期の松方デフレ政策の一環で，府県立医学校の費用を地方税で支弁することを禁ずる勅令（1887 年）により公立病院の廃止や民間委譲が進んだことも背景にある（島崎，2011）。

　ヨーロッパ諸国では，病院は貧困者を対象とする国公立病院や宗教系の慈善病院を中心に生成発展してきたという沿革的な理由から公立病院が中心であるが，日本の病院は医療法人立などの民間病院が中心になっている。これは医制制定（1874 年）以来，自由開業制が採られてきたこと，都市部の中小病院の多くは開業医の診療所が大きくなったという沿革から，民間病院は 1985 年の医療法改正により病床規制の網がかぶせられるまで増加の一途を辿った（島崎，2009）。

　わが国の病院は公立病院等が少なく，民間病院が主体であるが，一方で米国と異なり非営利の民間病院が主体であることに特徴がある（印南，1998）。

　わが国の医療制度を定める法規として医制が 1874 年に公布されている。全76 条から成る医制は衛生行政機構，西洋医学に基づく医学教育と医師開業免許制度，医薬分業などの医療・衛生行政に関する幅広い事項が含まれており，医師は何科であろうと，どこであろうと，自由に診療所や病院を開業することが出来る自由開業制は，この時以来のものである。

　戦後のわが国の医療提供体制は医療法によって定められている。医療法は，医療を提供する体制の確保を図り，国民の健康の保持に寄与することを目的として制定されており，営利を目的として病院，診療所等を開設することを否定している。そのため営利法人による医業経営は認められず，医療法人において営利性は否定されており，この考えに基づき剰余金の配当禁止が明確に法律に規定されている（厚生省健康政策局指導課，1990）。

　医療法により病院の開設は都道府県知事の許可が必要であり，病院の開設者は医師でなければならず，医師・看護師他医療従事者の必要人数も定められており，また病院の各施設の広さ等も決められている。さらに数年毎の医療監視によって経営内容はモニタリングされている。

　1985 年の第一次医療法改正は，都道府県に地域医療計画の策定を義務付け，二次医療圏毎に必要病床数を定め，病床過剰地域では，都道府県知事は開設・増床の中止の勧告が出来るという病床規制の導入が図られ（島崎，2011），参入規制が導入されるようになっている。

医療施設について

　医療法が定める医療施設は以下がある。

病院

　病院は，医師・歯科医師が，特定多数人のために医業又は歯科医業を行う場所であり，20 人以上の患者を入院させるための施設を有するものをいう。病院は，傷病者が，科学的でかつ適正な診療を受けることができる便宜を与えることを主たる目的として組織され，かつ，運営されるものでなければならない。(医療法第一条の五)

診療所

　診療所は，医師・歯科医師が，特定多数人のため医業又は歯科医業を行う場所であり，入院施設を有しないものか，又は 19 人以下の患者を入院させるための施設を有するものをいう。(医療法第一条の五)

介護老人保健施設

　介護老人保健施設（老健施設）は，介護保険法の規定による介護老人保健施設のことをいう。(医療法第一条の六)

助産所

　助産所は，助産師が特定多数人のためその業務（病院又は診療所において行うものを除く）を行う場所をいう（医療法第二条）助産所は，妊婦，産婦又は

じよく婦 10 以上の入所施設を有してはならない。（医療法第二条 2）

医療法人について

　医療法人は医療法の規定に基づいて病院，診療所，老人保健施設を開設することが認められている特別法人である。医療法人制度は，医療法の目的である医療提供体制の確保によって国民の健康保持に寄与することを達成するための，医療機関の組織体制確立が必要であったために整備されたものである。

　医療法人は，医療事業を行う経営体が医業の非営利性を損なうことなく法人格を取得することで，資金調達を容易にするものと併せて，医療機関経営を永続的に行えるようにするものである。医療法人は営利性の否定によって剰余金の配当禁止が明確に規定されている。尚，医療法人でないものが，名称に医療法人という文字を使用することは禁じられている。医療法人には，社団と財団がある。

　社団は人の集合によって団体的活動を行うものであり，病院や診療所等を開設することを目的として集まった人の集合体であり，複数名からの出資によって設立されたものである。社団の医療法人は，その機関として社員総会，理事，理事会及び監事を置かなければならない。

　財団は一定の財産が一定の運営方針に従って運営されるものであり，財産が法人格の基盤になっている。個人若しくは法人が設立に必要な資産を医療法人に寄付等をするものである。財団たる医療法人は，評議員，評議員会，理事，理事会及び監事を置かなければならない。

医療法人の業務

　医療法人は，本来業務として，病院，診療所（医師若しくは歯科医師が常時勤務する），老人保健施設の運営が行える。その他付帯事業として，① 医療関係者の要請または再教育，② 医学歯学に関する研究所の設置，③ 精神障害者社会復帰事業の設置，④ その他保健衛生に関する業務と一定の業務のみが行える。

医療法人の種類

　医療法人の基本的な区分として，「社団たる医療法人」と「財団たる医療法人」がある。尚，医療法人全体においては，社団たる医療法人が医療法人全体の大多数を占めている。

　社団たる医療法人（社団医療法人）は，出資持分の有無という観点から，「出資持分のある医療法人」と「出資持分のない医療法人」に区分することができる。

　「出資持分のある医療法人」は，その定款に出資持分に関する定めを設けているものをいう。

　平成 19 年施行の第五次医療法改正により，「出資持分のある医療法人」の新規設立はできなくなったが，既存の出資持分のある医療法人は，当分の間存続する旨の経過措置がとられており，これらは「経過措置型医療法人」と呼ばれることもある。

　「出資持分のない医療法人」は，その定款に出資持分に関する定めを設けていないものをいう。平成 19 年施行の第五次医療法改正により，社団医療法人を新規設立する場合は，出資持分のない医療法人しか認められないことになっている。

　さらに，租税特別措置法を根拠とする「特定医療法人」，医療法を根拠とする「社会医療法人」という特別な類型がある。これらの類型による医療法人は，租税特別措置法，医療法が要求する厳格な要件をクリアした医療法人のみが成ることのできるもので，いずれも出資持分のないものである。

　特定医療法人は，租税特別措置法に規定する特定の医療法人であり，昭和 39 年に創設された類型で，社団医療法人でも財団医療法人でも承認対象となるが，社団医療法人については，出資持分のない医療法人であることが必要で

図表 2－1　医療法人数　（2021 年 3 月末現在）

医療法人					特定医療法人			社会医療法人		
総数	財団	社団			総数	財団	社団	総数	財団	社団
		総数	持分有	持分無						
56,303	372	55,931	38,083	17,848	337	51	286	325	35	290

　出所：厚生労働省ウェブサイト医療法人数推移

ある。承認の要件は厳格だが，国税庁長官の承認を得られれば，法人税の軽減
税率が適用されるなど，税制上の優遇措置を受けることができる。

　社会医療法人は，医療法人のうち，医療法に掲げる要件に該当して，政令で
定めるところで都道府県知事の認定を受けたものである。平成19年施行の第
五次医療法改正において新設された類型で，社団医療法人でも財団医療法人で
も認定対象となり得るが，社団医療法人は出資持分のない医療法人であること
が必要である。認定要件は厳格だが，その認定を受けると，本来業務である病
院等から生じる所得について法人税が非課税になるとともに，救急医療等確保
事業に供する資産について固定資産税及び都市計画税が非課税になるなど，税
制上の優遇措置を受けることができる。そして収益業務を行うことも認められ
ている。

2.　規制業種としての病院組織の特色

　一般企業における経営は，最適な経営資源を配分して組織目標遂行に向けた
活動を行う。組織は，その時々の需要にうまく応えるために既存の経営資源を
結集する仕組みを有している（チャンドラー，1962）。

　規制業種である病院組織には，一般企業と異なるさまざまな規制があり，経
営における制約となって最適な資源配分を制限し病院の業績に影響を及ぼして
いる。

　遠藤（2007）は，医療経済学の見地から，医療分野には安全性の確保を目的
とした経済的規制と社会的規制が存在すると述べている。

　真野（2006）は，経済的規制には，参入制限と料金を定める需給調整規制等
があり，医療保険による公定価格があり，社会的規制は，消費者の安全等を目
的として一定基準を設定し制限を加える等の規制があり病院に人的配置基準を
定めることが相当するとしている。

　経済的規制が病院経営に及ぼす影響は，非営利性に関する規制の剰余金の配
当禁止によって営利法人が病院経営に参入することは不可となっている。そし
て，診療報酬価格は公定価格であるため医療施設間の価格競争は発生しないこ

とになる。

　社会的規制の開設・増床に係わる規制は，病床過剰地域においては病院の新設・増設は不可であり増床が出来ないため中小病院が大規模病院に移行することが難しくなっている。組織運営に関する規制は，必要な人員と必要な設備の具備についての規制があるため，コスト削減としての人員削減や設備投資の削減に制約をもたらしている。専門職種別免許制度による規制は，専門職による業務独占規定と名称独占規定は，一般企業とは異なる経営管理手法が必要となっている。

非営利性に関する規制

　医療法人は「剰余金の配当をしてはならない（医療法第 54 条）」という定めは，営利法人にとって病院経営の参入障壁となっている。病院の開設主体は医療法人以外に，自治体立病院，学校法人立病院，社会福祉法人立病院，公的病院があるが，何れの開設主体の法人も剰余金の配当は禁じられており，病院経営における営利法人の参入は不可となっている。

　遠藤（2007）は，出資者の利益配当を禁ずることで，医療現場に利潤追求圧力が及ばないために規制を設けているとしている。その理由は，情報の非対称性の存在や，医療保険制度によって不完全な市場である医療は，利潤動機では効率的な資源配分が出来ず，医療の質低下や過剰医療等の非効率を生じる可能性があるためである。

価格設定に関する規制

　わが国の医療経営における経済的規制として，病院は営業収入における約 9 割以上を保険収入に依存しており，病院事業における大部分のサービスの価格は，診療報酬制度に基づく公定価格である診療報酬点数によって決められている。この診療報酬点数は厚生労働大臣と厚生労働省下に設置された諮問機関である「中央社会保険医療協議会（中医協）」の間において決定され（健康保険法　第 82 条），個別の病院において独自の価格設定は出来ない。診療報酬価格が公定価格であることは，病院経営は非価格競争による競争をもたらし，コスト削減等の効率的な経営の必然性を招くこととなった。この公定価格である診

療報酬点数は２年毎に改定があり，診療報酬点数の改定による点数配分は病院経営に多大な影響を及ぼしている。

　診療報酬価格は公定価格であることから，個々の診療行為は同じ点数であり同一価格となる。病院経営においては，公定価格の存在によって，価格競争は発生しないため，コストの見直し等の効率的な経営を行う組織能力の違いが業績に影響を及ぼす。

組織運営に関する規制

　経営戦略論では各病院組織の有する経営資源は異なっていることを前提としている。各病院が有する資源の希少性と模倣困難性は，病院経営における持続的な競争優位の源泉となる。一方で規制業種である病院には，一般事業会社と異なる以下のような規制が，経営上の制約となっており，最適な内部経営資源の配分を制限し，病院の業績に影響を及ぼしている。

　病院には安全性の確保を目的とした社会的規制として組織運営に関する規制がある。遠藤（2007）は規制の根拠として，医療の質を担保する目的で規制しており，本来の医療の過程や結果を直接評価して規制することが難しいため構造他を規制していると述べている。

　一般事業会社と異なり，病院の病院長には資格要件がある。病院の病院長は臨床研修を修了した医師でなくてはならない（医療法第10条）。そして，２つ以上の病院長を兼ねることは，都道府県知事の許可を得た場合を除き，不可である（医療法第12条）。このためいかに経営能力に優れた人物であっても，臨床研修を修了した医師でない限り病院経営のトップに就任することは不可となっている。

　病院は，定められた人員と施設を有して，記録を備えなければならない（医療法第21条）。病床の種別に応じて医師，看護師，その他の従業者を雇用しなければならず，診療室，手術室，処置室，臨床検査施設，エックス線装置，調剤室，給食施設，診療に関する諸記録，その他厚生労働省令で定める施設が必要である。

　このように医療法等により，最低限必要な人員と診療設備とその診療設備の面積等も定められているので，たとえば病院経営において人件費削減のための

人員削除や，設備費用の圧縮目的での設備削減も限定的になるため，病院経営全般に係るマネジメント能力の向上が必要となっている。

開設・増床に関する規制

　病院の開設や病床数の増加が，病院の都合で自由に行うことが出来ないことによって，病院経営に影響を及ぼしている。

　医療法は病院の開設・増床を次のように規制している。病院を開設する際は開設地の都道府県知事の許可を受けなければならない（医療法第 7 条）。そして，病院の病床数や病床の種別等を変更する際は都道府県知事の許可を受けなければならない（医療法第 7 条 2 項）。この際に都道府県が定める「医療計画」において基準病床数に既に達している場合は，病院の開設および病院の増床の認可を与えないことができる（医療法第 7 条の 2）。

　これについて，印南・堀・古城（2011）は，医療法第一次改正（1985）で医療圏の設定や地域医療計画の策定がなされたものの，それらは総合的な医療提供体制の整備というよりも病床規制を主とする新規参入規制というべきものであったと述べている。また遠藤（2007）は，病床規制は，人口当たりの病床数と 1 人当たりの医療費に相関が見られるため，医療費抑制の視点より病床数を抑制するものであるとし，典型的な参入規制であると述べている。

専門職種別免許制度による規制

　病院はさまざまな国家資格を有する専門職者が定められた行為を行うため，一般組織の経営管理手法は通じにくい特性を有している。

　病院スタッフの職種には，医師，看護師，助産師，診療放射線技師，臨床検査技師，臨床工学技師，薬剤師，管理栄養士，栄養士，理学療法士，作業療法士，言語聴覚士，社会福祉士等があり，病院の従事者で専門資格を有さないのは事務職のみと言われている。

　これらの職種は異なる資格要件に基づく免許制があり，業務範囲等は個別の法令によって定められている。たとえば医師は医師法，看護師等は保健師助産師看護師法，診療放射線技師は診療放射線技師法，臨床検査技師は臨床検査技師法，には「免許取得者でない者はこれらの業をしてはならない」等の業務独

占規定と「名称を用いてこの業をしてはならない」等の名称独占規定がある。

　このうち医師は各身分法に規定する業務独占行為を行えるだけでなく，看護師，理学療法士・作業療法士等のコ・メディカルスタッフは，医師の指示・管理の下で業務を行うという構成になっており，医師はオールマイティの権限を持ち，コ・メディカルスタッフは医師の指揮下に置かれることに，わが国の医療関係の身分法の大きな特徴がある（島崎，2011）。

　病院には多くの専門職が業務に就いており，各専門職の組織上の立場や労働条件を規定すること等が一般事業会社と異なる病院の特徴にある。病院における診療行為と診療報酬の発生は，医師が行うものと，医師の指示・管理の下で業務を行うこと等を起因としている。

　近年，チーム医療によって患者を取り巻くさまざまな診療スタッフが協力しながら治療に取り組むようになっている。しかし，医師にはコ・メディカルスタッフへ指示が行えることによる大きな権限がある。

病院組織の運営上の特徴

　病院組織は前述したように多くの専門スタッフと事務部門によって運営されている。

　病院組織の専門スタッフの特徴を先行研究者は以下のように述べている。

　オペレーションの主役は，専門的訓練を受け，スキルが高く自分の仕事に対して大幅な権限を委ねられているプロフェッショナル専門職であり，主体性と自立性を持ちたがるため，組織としての管理活動にも非協力的になりがちである（杉，1981；ミンツバーグ，1981）。

　病院組織は，「専門的組織」として，多くのプロフェッショナルな職種が複合的に合わさっており，スタッフとして専門職である医師と看護職他コ・メディカルスタッフが存在する（エチオーニ，1961；1964；桑田・田尾，1998）。

　そして，専門職を支える事務部門について以下のように述べている。

　病院組織の，専門職等を支える事務職等のサポート組織の仕事はバラエティに富んでいるものの，多くはプロフェッショナルがやりたがらない単純なルーティン作業である（エチオーニ，1961；ミンツバーグ，1981）。

　杉とミンツバーグが述べる，「専門職は主体性と自立性を持ちたがるため，

組織としての管理活動に非協力的な特徴を有する病院組織」は今日でも多く見られる。しかし，最近の病院組織はチーム医療の進展によって多種他部門が連携して，より良い医療サービスの提供に取り組むようになっており，管理活動に非協力的な専門職は少なくなっている。

　エチオーニとミンツバーグが述べる，「専門職等を支える事務職等のサポート組織の仕事は単純なルーティン作業である」とするものは，病院の医事業務の窓口業務や会計業務等はルーティン業務であるものの，企画部門，財務部門等の業務は単純なルーティン作業とは言い難い。

　今村ほか（2006）は，病院経営の方向性をもって動かすには，企画，予算，人事が必要であり，組織が何をして将来どうするのかの方針決定（企画），資金をどのように投資回収していくか（予算），人をどのように配置するのかが必要になる。と述べ，事務職によるマネジメントの重要性を謳っている。

病院組織の発展段階

　一般事業会社は，成長に伴い組織の発展段階を有している。チャンドラー（1962）の，一般命題は「組織構造は戦略に従う」であり，企業組織デザインは，単純組織から機能別部門組織に移行し，多角化戦略を通じた成長戦略によって，製品と市場分野毎の事業部制組織が登場したと述べている。

　ガルブレイスとネサンソン（1978）は，前述のように組織の発展段階モデルを以下に述べている。単純組織モデルから単一職能組織が生まれ，次に垂直統合の戦略を追及し集権的職能部門別組織となり，さらに内部成長と買収により多角化戦略を追求する企業は事業部制組織を採用する。

　一般事業会社と同様に，病院の組織デザインもいくつかの発展段階を有している。わが国の約 8,200 病院のうち，およそ 7 割を占める私的病院の，組織デザインは次のように発展して来た病院が多い。

　1 人の医師が開業し，診療所から始めて小規模病院になり，さらに規模を拡大していった事例が多く，民間病院が開業医（無床診療所），有床診療所，外来型小規模病院，大規模病院へと病院規模的にも機能的にも段階的に発展することは，資本主義経済において，個人企業が拡大し株式会社組織へと発展するのと同様であり，医療政策に即応しながら規模と機能を拡大させてきた歴史を

有する（一条，1997；長谷川・加藤，2000）。

　一方で一般企業の子会社設立時のように，当初から一定規模の資源や人員を擁して職能別組織で始まった企業もあるように，病院組織においても病院開設時から職能別組織として始まっている組織もある。

　中島（2007）は，病院組織の発展は成長とともに組織構造は，診療チーム，診療機能別組織，プロトタイプのマトリックス組織，職種部門別組織，事業部制組織，マトリックス組織へと6つのステージに進化したとしている。

　診療チームは1人の医師を中心とした個人診療所であり，企業組織の単一組織形態である。1人の医師が業務の命令・指示を全て行い，医療技術者・看護師も1人だけである。

　診療機能別組織は，診療所や小規模病院で見られる組織デザインであり，企業組織の単一組織から職能別組織に移行する段階である。2～3人の医師がいて医師の診療機能を中心に組織が動いており，医師の専門分野や診療科別に次第に分かれはじめる。

　プロトタイプのマトリックス組織は，中規模民間病院に見られる組織デザインである。医療技術の専門分化に伴い看護部門等が独立し，権限が一部委譲されるが，引き続き医師は業務や人事管理に関与する。診療機能と組織管理上の複数の命令系統が存在する組織である。

　職種部門別組織は，中規模以上の病院に見られる組織デザインである。企業組織の職能別組織に相当する。

図表2-2　病院組織の組織構造発展段階

はじまり
　診療チーム（一人の医師を中心とする診療所）
→診療機能組織（2～3人の医師の診療機能中心組織）
→プロトタイプのマトリックス組織
　（看護部門等への権限移譲するが医師が業務人事に関与する）
→職種部門別組織（企業の職能別組織に相当）
→事業部制（センター等戦略部門の独立）
→マトリックス組織（事業部統括と職種別統括責任者の存在）

　6段階のステージに進化

出所：中島明彦『ヘルスケアマネジメント』（2007）

コラム：今日において診療所から大規模病院への組織発展は可能か？

　当初の診療所から診療科増設によって病院となり，さらに診療科の増設と病床数の増加によって大規模病院になる事例はいくつか見ることができる。第 4 章の病院組織の発展の事例でも高木病院，聖路加国際病院，相澤病院が該当する。

　今日では，病床規制や地域医療構想を背景に新たな急性期医療の病院を新設することは難しくなっている。一方で病床数が不足している回復期リハビリテーションを担う病院の診察は可能であるが，リハビリテーションを行っている診療所が病床を有し，段階的に規模拡大を図ることは考えにくい。それは回復期リハビリテーション病院を新設するならば，当初から病院組織としてある一定規模を持って開設するか，既存の病院の M&A によって病院組織を開設するからである。

　事業部制組織は，経営する組織が複数になり透析センター，循環器センター，救急センター，健診センター等の独立性の高い戦略部門の事業部制組織となる。

　マトリックス組織は，各事業部を統括する本部機構に職種別の統括責任者がおかれ，事業部間の専門職種別部門の管理を行なうようになる。

　後述する病院組織の発展段階の事例で述べる病院組織のうち，高木病院，聖路加国際病院，相澤病院は，個人が開設した診療所から発展している。一方で，日鋼記念病院，大阪赤十字病院，東京都済生会中央病院，昭和伊南病院は開設時より職種部門別組織からスタートしている。

ヘルスケア組織の組織デザイン

　組織は，どのような組織構造にするのかという問題に直面し，組織の発展に伴い組織の再編成を経験する。組織の取りうる戦略に合わせて，あるいは組織を取り巻く外部環境に対応するため組織構造を変えることになる。

　ここでは前章で記載した佐藤（2003）が述べる，階層型（ヒエラルキー）組

織と，ネットワーク組織に分類してヘルスケア組織のその特徴について述べていく。階層型組織は集権的な組織である職能別組織，分権的な組織である事業部制組織，両者を統合したマトリックス組織がある。

3. ヘルスケア組織の階層型組織

職能別組織の病院組織

　ヘルスケア組織の単体組織としての病院や有床診療所の組織デザインの大半は職能別組織である。一条（1997）によれば，病院組織は大きく分けて，診療部・医療技術部・看護部・事務部で構成され，このうち診療部・医療技術部・看護部が実体活動を担当する現業部門であり，事務部門は総務・人事・経理といった経営管理に係わる業務と用度・施設・医事・ハウスキーパー等の現場サービスを担当する部門に分けることが出来る。

　病院の現業部門の所属する職員は国家資格を有する専門職である。

　医師は医師資格，看護師は看護師資格，薬剤師は薬剤師資格，診療放射線技師は診療放射線技師資格，臨床検査技師は臨床検査技師資格，理学療法士は理学療法士資格，作業療法士は作業療法士資格等の国家資格を有している。一方で病院の事務部門に所属する事務職員の国家資格はない。このように病院の所属する多くの医療職員が各職能に係る国家資格を有していることに病院組織の組織理論上の特性がある。

　病院組織の現業部門の業務は以下のようなものである。

　診療部は，臨床医学の医師を集めた組織であり，標榜科目の診療科は各科ごとに独立した存在である。診療各科には責任者としての部長はいるが，個別の患者の治療に関しては主治医が全責任を持っている。

　医療技術部は，あらゆる診療行為が基本的に医師の指示に基づいて行われる薬剤部・放射線部・検査部・リハビリテーション部・栄養科等で構成されている。薬剤部は，病院内の医薬品を管理し，医師の指示に従い調剤などを行う部門である。放射線部は，画像診断，核医学，放射線治療などを担当する部門である。検査部は，入院や外来で発生する臨床検査を行う部門である。リハビリ

テーション部は，障害によって失われた能力を，最大限に回復させるリハビリテーションを担当する部門である。栄養科は，治療の一端を担う，病院の食事を提供する部門であり，管理栄養士・栄養士と調理スタッフにより構成される。

　看護部は，入院および外来において看護サービスを提供する部門である。看護部門を構成する職員は各病棟に看護師長，看護主任，保健師，助産師，看護師，准看護師，看護助手，クラークなどがいる。看護師は病棟，外来，中央診療施設などあらゆる部署に配属されており，人数も病院組織の中で最大の部門である。その業務は「看護」と「診療の介助」である。

　事務部門は，外来事務，病棟事務，検査事務等の医療サービスの補助業務と，診療報酬請求にかかわる業務，総務，経理，人事，企画調査等の経営管理業務を行っている。

　このほかに労務部門として，病院の清掃，備品管理，リネンの補給管理などのハウスキーピングを行う部門もある。

図表 2-3　病院組織の例

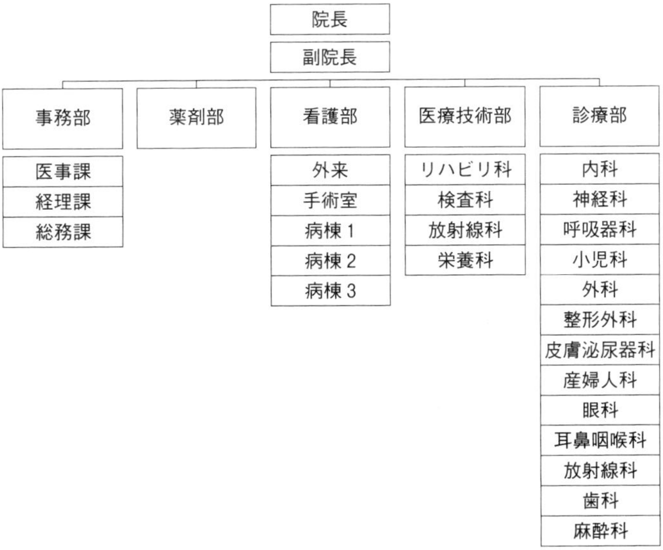

出所：筆者作成

　一般企業の職能別組織では，職員の職能の異なる部門への人事異動もありえる。たとえば製造業の営業部に所属していた職員が，人事異動により経理部あるいは人事部に移ることはジョブローテーションの一環で行われている。しかし，病院の職能別組織においては，診療現場における職能のことなる部門への人事異動はあまり多くはない。看護師であり看護部に所属する職員が医師の所属する診療部への異動あるいは，薬剤師の所属する薬剤部に所属することはほとんどない。これは前述のように各職能に所属する医療スタッフは職能に伴う国家資格を有したうえで各職務を行っているためである。但し，看護師あるいは診療放射線技師や臨床検査技師等の国家資格職員がこれまでの知見を活かして管理部門に異動し管理業務に従事することは散見される。

ヘルスケア組織の事業部制組織

　ヘルスケア組織の事業部制組織は組織運営母体において事業部制組織が形成される。それは組織運営母体の医療法人や学校法人等のもとで，いくつかの事業に分かれたものである。
　医療法人が運営する病院事業，介護事業，クリニック事業などを運営しているものが，ヘルスケア組織の事業部制組織となる。

ヘルスケア組織のマトリックス組織

　ヘルスケア組織のマトリックス組織は，病院単体組織における垂直的階層組織に対して医療法人の本部機能等による水平的な影響力が及ぶ場合がある。
　管理部門の事例として，医療法人経理本部による傘下病院事務部経理部門に対してのさまざまな指示，あるいは医療法人管理本部から傘下病院の管理部門に対しての指示等がある。その他に医療法人の統括看護部長から傘下病院の看護部門への指示等がある。

ミンツバーグ組織論から見る病院組織について

　病院組織は，ミンツバーグが述べる典型的なプロフェッショナル組織である。病院組織は，前述のように患者に対する医療サービスを提供する現業部門に所属するオペレーションの主役である国家資格を有する医療スタッフと，そ

コラム：ジョブ型雇用とメンバーシップ型雇用*が併存する
ヘルスケア組織

　日本型雇用制度の見直しの一環として，一般企業ではメンバーシップ型採用からジョブ型へ移行している企業や検討している企業も散見される。特に新型コロナウイルス感染懸念からテレワークが進められてこともジョブ型雇用が拡大した背景にある。

　ヘルスケア組織の現業部門に所属する医療職はジョブ型雇用によって勤務しているのに対して，事務部門の職員はメンバーシップ型雇用によって勤務しており，上記のようにジョブローテーションも行われている。

　＊ジョブ型雇用は職務を明確にした上で人材を配置する雇用形態，メンバーシップ型雇用は仕
　　事内容や勤務地などを限定せず個々人の能力によって配置する雇用形態

コラム：看護部門の独立

　現在の病院組織において看護部門は診療部から独立した部門として運営されている。しかし，過去には看護師は医師に従属する形で業務を行っていた。1945年の国立病院の病院組織図にでは看護婦は診療各科に所属しており独立した業務組織ではなかった。1949年に「総看護婦長制度」が導入されて，国立療養所勤務の病院看護婦業務指針の組織形態には，病院長 – 副院長 – 総看護婦長 – 副総看護婦長 – 看護婦長 – 主任看護婦 – 看護婦の形となっている。1976年に国所管の病院において総看護婦長から看護部長に名称を改め，大学病院，国立病院，国立療養所を対象に看護部長制度ができて，病院組織において看護部が独立した組織となっている。

出所：看護組織論 p.157 より

のサポートに当る事務部門に所属するスタッフが所属している。

　この組織のオペレーションの主役は，専門的訓練を受けたプロフェッショナルであり，スキルが高く仕事に対して大幅な権限を委ねられている。その結

図表2-4　学校法人聖路加国際大学の組織図

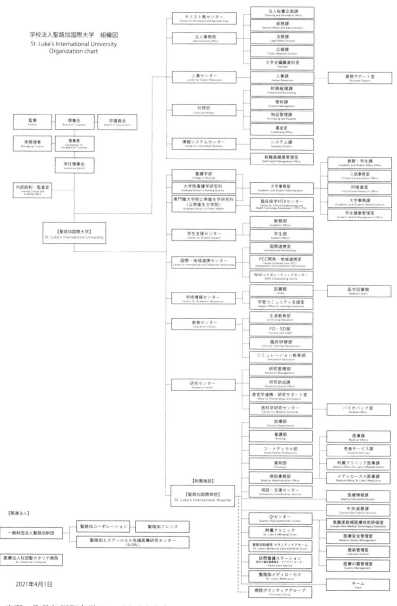

出所：聖路加国際大学ウェブサイトより

図表2-5　病院組織の特徴

・病院組織はプロフェショナル・コンフィギュレーションである。この組織の主役は専門的訓練を受けたプロフェショナル（医師）である。
・分権化の程度が非常に高く，多くの意志決定権限は職階を超えて直接プロフェショナルに委ねられている。
・このプロフェショナル・コンフィギュレーションは分析スタッフであるテクノストラクチャーはほとんど必要がない。
・間接的サービスを提供するサポートスタッフはプロフェショナルたちを支えるために大規模になる。

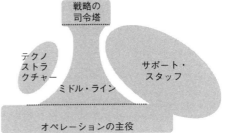

果，組織は分権化の程度が非常に高くなる。オペレーション面，戦略面において多くの意思決定権限はオペレーションの主役であるプロフェショナルへと働く。

　ミンツバーグは，外部環境に目を配り，問題やチャンスや技術開発がないかを探る役割のテクノストラクチャーは必要でないと述べているが，今日の病院組織では，診療情報やさまざまな経営に関するデータを分析して病院経営に関するアドバイス等を行う分析スタッフや経営管理スタッフの役割は非常に重要である。

4. ヘルスケア組織におけるネットワーク組織

　ヘルスケア組織におけるネットワーク組織は，各種の委員会組織やプロジェクトチーム（たとえば医療機能評価受診プロジェクトチーム，病院建替えプロジェクトチーム）や地域医療連携推における医療連携ネットワークなどを上げることができる。

プロジェクトチーム
　ヘルスケア組織においては，さまざなプロジェクトチームが導入されてい

る。プロジェクトチームを導入する目的は様々であるが，たとえば患者満足度向上のため，医療事故の防止のため，医療安全のため，クリティカルパスの作成のためなどの医療サービスの向上のためなどの意図で実施されることが多い。

図表2-6　ヘルスケア施設のプロジェクトチーム図

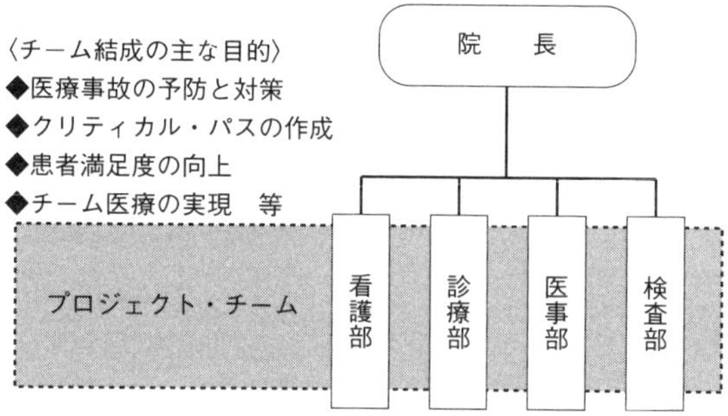

〈チーム結成の主な目的〉
◆医療事故の予防と対策
◆クリティカル・パスの作成
◆患者満足度の向上
◆チーム医療の実現　等

院　長

プロジェクト・チーム　／　看護部　／　診療部　／　医事部　／　検査部

出所：福原（2004）p.82

図表2-7　ヘルスケア施設を取り巻くネットワーク組織

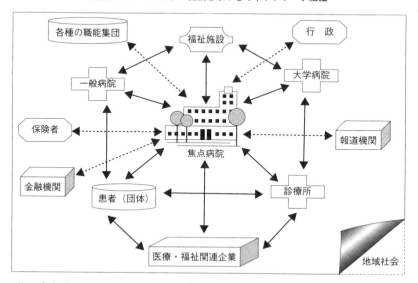

注：◀━━▶ ネットワーク組織の関係　　◀--▶ ステーク・ホルダーの関係
出所：福原（2004）p.83

　プロジェクトチームは，ヘルスケア部門横断的にメンバーが編成され各種委員会として運営されていることが多い。

地域医療連携

　ヘルスケア組織におけるネットワーク組織の代表的なものは地域医療連携である。地域医療連携は地域のヘルスケア施設が相互に連携し，診療機能のすみ分けである機能分化を図ると同時に専門性を高めることで地域の医療サービスの効率化を図るものである。

　地域における中核病院は，高額な検査機器と専門医など高度医療を提供する資源を保有するのに対して，診療所などの開業医は高度医療を提供する手段を持たないために中核病院が持つ医療資源に依存する関係から地域医療連携が構築されるのである。

地域包括ケアシステムについて

　地域包括ケアシステムは，2025 年を目途に，高齢者の尊厳の保持と自立生活の支援の目的のもとで，可能な限り住み慣れた地域で，自分らしい暮らしを人生の最期まで続けることができるよう，地域の包括的な支援・サービス提供体制の構築を推進しているものである。これは，患者や利用者が医療や介護が必要になった時でも，住み慣れた地域である日常生活圏域で，医療・介護・介護予防・生活支援・高齢者住まいなどの資源を使って在宅で生活を送ることができる仕組みである。この仕組みは，在宅医療，訪問介護，介護重度化予防，日常的な生活支援などの従事する多職種の医療や介護の機関が連携して 1 人の患者に対して包括的なケアサービスを提供するものである。

　この地域包括ケアシステムは，社会保障制度改革国民会議の報告書に記載されており，2012 年度診療報酬改定での基本方針に取り上げられたことから，同システムは 2012 年から注目されるようになっている。

　地域包括ケアシステムは，地域において医療と介護の連携は欠かせないものである。医療と介護の連携の具体例には，病院の退院時において医療と介護の連携が必要になる場合と，在宅療養時において要介護状態が続いている状態において医療と介護の連携が必要になる場合と，在宅において病態が急変した場

図表2-8　地域包括ケアシステム

地域包括ケアシステム

○ 団塊の世代が75歳以上となる2025年を目途に，重度な要介護状態となっても住み慣れた地域で自分らしい暮らしを人生の最後まで続けることができるよう，住まい・医療・介護・予防・生活支援が一体的に提供される地域包括ケアシステムの構築を実現していきます。

○ 今後，認知症高齢者の増加が見込まれることから，認知症高齢者の地域での生活を支えるためにも，地域包括ケアシステムの構築が重要です。

○ 人口が横ばいで75歳以上人口が急増する大都市部，75歳以上人口の増加は緩やかだが人口は減少する町村部等，高齢化の進展状況には大きな地域差が生じています。

　地域包括ケアシステムは，保険者である市町村や都道府県が，地域の自主性や主体性に基づき，地域の特性に応じて作り上げていくことが必要です。

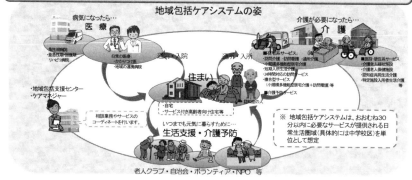

出所：厚生労働省ウェブサイトより

合や看取りなどの場合において介護と医療の連携が必要になる場合が想定される。（武藤，2013）

　高齢者本人の希望にかなった住まいが確保され，生活支援が提供され，基本的な生活リズムを確保したうえで，適切なケアマネジメントに基づいて提供される専門職によるサービスが介護・リハビリテーション，医療・看護・予防である。長期ケアを必要とする要介護者には，医学的な疾病管理と日々の生活を支える介護の双方が必要である。医療と介護の連携が求められる取組場面には以下がある。

〈介護予防〉

　高齢者が要介護状態にならないように生活機能を維持し自立を支援する取組であり，日々の生活リズムの安定化が前提になる。栄養に配慮した食事摂取や適切な服薬により基礎的な体力を維持しながら家事を行うことや適度な運動により自立した生活の可能性が高まる。デイサービスの利用や栄養や服薬指導な

どが重要である。

〈重度化予防〉

　一旦，要介護状態になった場合も，適切なケアの組み合わせによってさらなるADL低下を防ぐとともに，高齢者に心身状態の変化を早期に把握し適切な医療ケアに結びつけて疾病の重症化を防ぐ取り組みである。これらの取り組みは，日ごろのケアを担う介護職と状態変化を予測する看護職，必要な際に医療サービスを提供する主治医の連携により行われる。

〈急性疾患への対応〉

　誤嚥性肺炎の例では，抗生剤投与による肺炎に対する治療の医療介入だけでは再発の懸念があるので，介護予防介入として，食事介助指導や口腔ケア介入，摂食嚥下リハビリテーションや全身の筋力維持強化などの必要なケアの一体的な提供によって要介護者のリスクが低減できる。

〈入院・退院支援〉

　入院期間の長期化を防ぎ，退院後の在宅生活への移行を円滑に進めるために，入院から退院までのアセスメントプラン作成が行われており，訪問看護師が介護サービス計画作成を担い，医療機関に提出する体制が求められる。

〈看取り〉

　死期が近づいた段階で，医師・看護師等医療従事者から十分な情報提供を行い本人に最も相応しい最期の迎え方を共に考える場を持つ姿勢が肝要である。

（地域包括ケア研究会　2014）

5. 地域医療連携推進法人

　地域医療連携推進法人は，医療機関相互間の機能の分担及び業務の連携を推進する目的で，2015年の医療法一部改正により創設が可能になった法人である。

○地域医療連携推進法人制度の仕組み
　・法人組織　一般社団法人

・趣旨　医療機関相互間の機能の分担及び業務の連携を推進するため
・認定　都道府県知事による認定
・参加法人　医療機関を開設する医療法人等非営利法人
・実施業務　病院相互間の機能の分担及び業務の連携の推進，医療従事者の研修，医薬品等の供給，資金貸付等の医療連携推進業務
・その他　代表理事は都道府県知事の認可が必要
剰余金の分配禁止，都道府県知事による監督等の規定は医療法人への規制を準用
病院間の機能分担・業務連携に必要と認めるときは，都道府県知事は地域医療構想の推進に必要である病院間の病床の融通を許可することができる。

地域医療連携推進法人の組織について

　地域医療連携推進法人の法人組織は，一般社団法人である。一般社団法人は「一般社団法人及び一般財団法人に関する法律」に基づいて設立される社団法人のことで，設立に際して2人以上の社員が必要であり，社員は自然人以外の法人がなることも可能である。

　地域医療連携推進法人の社員は，当該法人に参加する医療法人，その他の非営利法人の参加は可能であるが，営利法人である株式会社の参加は不可である。これは医療の非営利性に基づくものである。

地域医療連携推進法人の業務

〈病院相互間の機能分化と業務連携〉

　地域医療構想の推進に必要である病院間の病床の融通が許可されることで，地域特性を踏まえた病床機能の再編と医療介護間の連携が強化されることを狙いとしている。

〈医療従事者の研修〉

　医療従事者の研修を，地域医療連携推進法人が行うことで，参加医療法人を超えた医療従事者のキャリアパスを築くことが可能になる。これは，医療従事者の医療スキル向上につながるとともにモチベーションの向上にも繋がり，よ

図表2-9　地域医療連携推進法人の仕組み

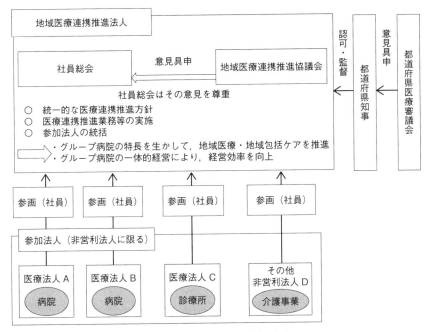

出所：厚生労働省ウェブサイト　地域医療連携推進法人制度の概要

り質の高い医療サービスが提供できることに繋がる。

〈医薬品等の供給〉

　医薬品等の供給については，参加医療法人の医薬品・医療資材等について地域医療連携推進法人が窓口となって共同購入することで，受発注作業の効率化，使用薬剤等の統一，大量購入等による価格引下げ，配送作業の効率化等が期待できることから参加医療法人の経営改善に資することが可能となる。

〈資金貸付等について〉

　資金貸付等は，地域医療連携推進法人が窓口となって金融機関等から借入れたうえで，参加医療法人に資金貸付を行うことで，効率的な資金調達も可能になる。

　地域医療連携推進法人は2017年4月に最初に設立認定された法人が出ており，2022年4月現在では全国で30法人が設立認定を受けている。

参考文献

Chandler, A. D. (1962) STRATEGY & STRUCTURE, Massachusetts Institute of Technology. (有賀裕子訳（2004）『組織は戦略に従う』ダイヤモンド社).

Etzioni, A. (1961) A Comparative Analysis of Complex Organizations, The Free Press of Glencoe, Inc. (綿貫謙治訳（1966）『組織の社会学的分析』培風館).

Etzioni, A. (1964) MODERN ORGANIZATION, Prentice-Hall, Inc., Englewood Ciffs, N. J. (渡瀬浩訳（1967）『現代組織論』至誠堂).

Galbraith, J. R. and D. A. Nathanson. (1978) Strategy Implementation: The Roleof Structure and Process, West Publishing Co. (岸田民樹訳（1992）『経営戦略と組織デザイン』白桃書房).

Mintzberg, H. (1981) "Organization Design: Fashion or Fit?," Harvard Business Review, January-February. (「組織設計流行を追うか適合性を選ぶか」『DIAMONDハーバード・ビジネス』1981年6月号).

一条勝夫（1982）『日本の病院』日本評論社.

一条勝夫（1997）『医療経営管理論』篠原出版.

今村知明・康永秀生・井出博生（2006）『医療経営学』医学書院.

印南一路（1998）「組織としての病院」『組織科学』Vol.31，No.3，pp.16-26.

印南一路・堀真奈美・古城隆雄（2011）『生命と自由を守る医療政策』東洋経済新報社.

遠藤久夫（2007）「医療における競争と規制」西村周三・田中滋・遠藤久夫（編著）『医療経済学の基礎理論と論点』勁草書房，pp.123-151.

亀川雅人（2007）「医療経営の特殊性」亀川雅人（編著）『医療と企業経営』学文社，pp.1-21.

川上武（1965）「現代日本医療市」首草書房.

桑田耕太郎・田尾雅夫（1998）『組織論』有斐閣.

厚生省健康政策局指導課（1990）『医療法人制度の解説』日本法令.

厚生省医務局（1955）『医制八十年史』印刷局朝陽会.

厚生省健康政策局指導課（1990）『医療法人制度の解説』日本法令.

佐藤耕紀（2003）「組織類型論の統合に向けて：ヒエラルキー型組織とネットワーク型組織の組織デザイン特性」防衛大学校紀要 Vol.87，pp1-28

島崎謙治（2009）「公立病院改革の本質と課題」『社会保険旬報』NO.2394，2009/7/21，pp.6-15.

島崎謙治（2011）『日本の医療』東京大学出版会.

新村拓（編者）（2006）『日本医療史』吉川弘文館.

杉政孝（1981）『病院経営と人事管理』日本労働協会.

中島明彦（2007）『ヘルスケアマネジメント』同友館.

橋本寛敏・吉田幸雄（1972）『病院管理体系第1巻』医学書院.

長谷川敏彦・加藤尚子（2000）「民間中小病院の歴史的考察」『病院』Vol.59，No5，pp.402-406.

羽田明浩（2015）「競争戦略論から見た日本の病院」創成社.

福原康司（2004）「病院・福祉施設における組織と管理」国際医療福祉大学医療経営管理学科（編）『医療・福祉経営管理入門』国際医療福祉大学出版，pp.76-91.

真野俊樹（2006）『入門医療経済学』中央公論新社.

武藤正樹（2013）『2025年へのロードマップ』医学通信社.

第3章

ヘルスケア業界の動向について

　病院をはじめとするさまざまなヘルスケア組織を取り巻くヘルスケア業界は2025年問題への対応や地域医療構想他によって大きく変容する課程にある。

　この章ではヘルスケア組織を理解するために必要なヘルスケア業界の動向についての説明を行う。

1. ヘルスケア業界の市場規模について

ヘルスケア業界の経済規模

　ヘルスケア産業に投じる1年間の金額について以下で述べる。

　医療機関等において保険診療の対象となる傷病の治療に要した費用を推計した国民医療費は，43.6兆円（令和元年）である。この費用には，医科診療や歯科診療にかかる診療費，薬局調剤医療費，入院時食事・生活医療費，訪問看護医療費等が含まれており，その内訳は，医科入院17.6兆円・医科外来14.9兆円，歯科3兆円，調剤7.7兆円，訪問看護0.3兆円である。尚，保険診療の対象とならない美容整形などの自由診療で支払った費用や，先進医療や正常分娩費用，健康診断・予防接種等に要する費用は含まれていない。国民医療費の推移を見ると，平成27年は41.5兆円，平成28年は41.3兆円，平成29年は42.2兆円，平成30年は42.6兆円となっている。

　介護保険サービス利用に係る介護給付費は10.5兆円（令和元年）であり，介護保険制度が始まった2000年以降漸増している。

　わが国で1年間に費やされる医療と介護に係る公的保険（医療保険と介護保険）による金額はおよそ50兆円である。

図表3-1　医療費の推移

(単位：兆円)

	総　計	医療保険適用							公　費
		75歳未満						75歳以上	
		被用者保険	本　人	家　族	国民健康保険	(再掲)未就学者			
平成27年度	41.5	24.2	12.2	6.4	5.2	12.0	1.5	15.2	2.1
平成28年度	41.3	23.9	12.3	6.5	5.2	11.5	1.4	15.3	2.1
平成29年度(構成割合)	42.2 (100%)	24.1 (57.0%)	12.8 (30.4%)	6.9 (16.3%)	5.3 (12.5%)	11.3 (26.7%)	1.4 (3.4%)	16.0 (37.9%)	2.1 (5.0%)
平成30年度① (構成割合)	42.6 (100%)	24.0 (56.5%)	13.1 (30.8%)	7.1 (16.6%)	5.3 (12.4%)	10.9 (25.7%)	1.4 (3.4%)	16.4 (38.5%)	2.1 (5.0%)
令和元年度② (構成割合)	43.6 (100%)	24.4 (55.9%)	13.5 (31.0%)	7.4 (17.0%)	5.3 (12.2%)	10.9 (24.9%)	1.4 (3.2%)	17.0 (39.1%)	2.2 (5.0%)
②－①	1.01	0.33	0.41	0.31	0.01	▲0.08	▲0.04	0.64	0.04

出所：厚生労働省　令和元年度 医療費の動向

図表3-2　介護給付費用額の推移

	費用額累計(単位：億円)
平成13年度	43,782
平成18年度	61,724
平成23年度	79,875
平成28年度	96,924
平成29年度	99,319
平成30年度	101,536
令和元年度	105,095

出所：厚生労働省　介護給付費等実態統計

ヘルスケア業界の従事者数

　厚生労働省の病院施設調査（2017年10月）によれば，病院に勤務する職員総数は209万人であり，診療所に勤務する職員は71万人であり，歯科診療所に勤務する職員は32万人であり医療従事者の総合計312万人である。

　労働経済の分析（令和3年版）によれば，医療業に従事する職員数は370万人，医療福祉に従事する職員数は403万人としており，医療福祉分野の就業者

数の見通し（内閣官房・内閣府・財務省・厚生労働省　2018 年 5 月 21 日）に
よれば，2018 年の医療従事者数は 308 万人，介護従事者数 334 万人とされて
いる。

　時期と調査資料の違いはあるが，医療と介護に係る職員総数は，およそ 700
万人とみれば，全雇用者総数 6500 万人に占める約 11%となる大変多くの職員
が医療介護に従事していることが分かる。尚，医療介護従事者数の 2040 年の
将来予測は 830 万人であり全就労者数予測の 5600 万人に対して約 15%となる
ことが予想されている。

　医療，介護従事者以外で広義のヘルスケア産業に従事する職員数は，製造業
やサービス業の中に組み込まれているため，正確な従業員数の把握は難しい現

図表 3-3　ヘルスケア業界のマーケット動向

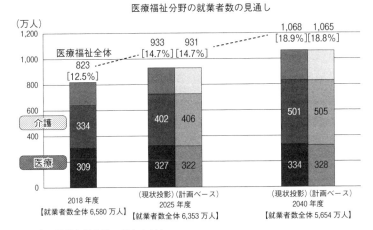

注 1：[　] 内は就業者数全体に対する割合。
注 2：医療福祉分野における就業者の見通しについては，① 医療・介護分野の就業者数について
　　　は，それぞれの需要の変化に応じて就業者数が変化すると仮定して就業者数を計算。② その他
　　　の福祉分野を含めた医療福祉分野全体の就業者数については，医療・介護分野の就業者数の変
　　　化率を用いて機械的に計算。③医療福祉分野の短時間雇用者の比率等の雇用形態別の状況等に
　　　ついては，現状のまま推移すると仮定して計算。
注 3：就業者数全体は，2018 年度は内閣府「経済見通しと経済財政運営の基本的態度」，2025 年度
　　　以降は，独立行政法人労働政策研究・研修機構「平成 27 年労働力需給の推計」および国立社会
　　　保障・人口問題研究所「日本の将来推計人口平成 29 年推計」（出生中位（死亡中位）推計）を
　　　もとに機械的に算出している。
出所：内閣官房・内閣府・財務省・厚生労働省（2018 年 5 月 21 日）

状にあるが，病院や診療所等の医療施設に従事する職員や介護に従事する職員数合計だけでもわが国の就労者数の 10％以上を占めており，わが国の労働市場において多くの職員がヘルスケア産業に従事していることが分かる。

医療サービスを提供する病院と診療所の総数について

　筆者を含め，生涯一度も病院や診療所を受診したことの無い方はいないであろう。本書が取り上げるヘルスケア業界においては，病院と診療所は医療サービスの提供施設としての役割は大きいものがある。

　ここで，医療施設としての病院と診療所の組織としての違いと両組織の動向について述べていく。

　病院は 2021 年 4 月現在 8,221 施設ある。病院数は，第二次大戦前の約 4,700 施設から終戦時の 645 施設に減少した後，終戦後から一貫して増加し 1990 年をピークに減少に転じており，5 年前の 2016 年との比較では約 200 施設が減少している。

　日本の病院は，病院数は多いものの規模が小さいことに特徴があり，2019 年の 100 床未満の病院数は 2,945 施設，200 床未満の病院数は 5,769 施設であり国内病院数の約 7 割が 200 床未満の病院であり，400 床以上を有する病院の割合は約 9％である。

　一方，一般診療所は 2021 年 4 月現在 103,426 施設あり，第二次大戦後から一貫して増加傾向にあり，5 年前の 2016 年との比較でも約 2 千施設増加している。歯科診療所は，2021 年 4 月現在 68,063 施設あり，2016 年まで増加傾向にあったがその後減少に転じている。

　医療提供施設である病院 8,221 施設，診療所 103,426 施設，歯科診療所 68,063 施設を合計すると約 18 万施設となる。これは全国のコンビニエンスストア数 55,890 店舗（2021 年 6 月末時点 日本フランチャイズチェーン協会調べ）と比較すれば，病院診療所等の施設数はコンビニ店舗数の 3 倍強の数値であり，国内に非常に多くの施設があることがわかる。

図表3-4　医療施設（病院・診療所）数の推移

年次	病院	一般診療所	歯科診療所
1935（昭和10）	4,625	35,772	18,066
1940（　　15）	4,732	36,416	20,290
1945（　　20）	645	6,607	3,660
1950（　　25）	3,408	43,827	21,380
1970（　　45）	7,974	68,997	29,911
1980（　　55）	9,055	77,611	38,834
1990（平成 2）	10,096	80,852	52,216
2000（　　12）	9,266	92,824	63,361
2005（　　17）	9,026	97,442	66,732
2010（　　22）	8,670	99,824	68,384
2014（　　26）	8,493	100,461	68,592
2016（　　28）	8,442	101,529	68,940
2018（　　31）	8,372	102,105	68,613
2021（令和 3）	8,221	103,426	68,063

出所：厚生労働省　令和3年医療施設調査（静態）

図表3-5　病床規模別病院数

	1999 年	2005 年	2011 年	2017 年	2018 年	2019 年
病院総数	9,286	9,026	8,605	8,412	8,372	8,300
20 床～99 床	3,838	3,558	3,182	3,007	2,977	2,945
100 床～199 床	2,604	2,716	2,769	2,791	2,813	2,824
200 床～399 床	1,989	1,913	1,832	1,814	1,794	1,752
400 床～599 床	555	561	564	557	547	543
600 床以上	300	278	258	243	241	236

出所：厚生労働所　令和元年医療施設調査（動態）

2．ヘルスケア業界の動向について

ヘルスケア業界が直面する 2025 年問題

　医療業界にとってパラダイムシフトとも言える 2025 年問題という外部環境
の変化は，ヘルスケア施設の経営に大きな影響を及ぼしている。

　2025年問題とは，わが国のいわゆる団塊の世代（1947年〜1949年生誕）が全て75歳の後期高齢者となり全人口の18％を占め，65歳以上が全人口の30％となることが予想される時代にあって社会保障の在り方を見直そうとすることである。

　わが国は，2025年に超高齢化社会を迎えるため2025年をめざした社会保障改革が進行中である。2012年8月「社会保障と税の一体改革」関連法案が成立した。この一体改革は団塊世代が75歳以上の後期高齢者となる2025年に向けてこれからの医療や介護の社会保障のグランドデザインを描いたものである。2025年の医療と介護のあるべき姿は「病院から地域へ」の転換であり，この2025年問題に向けて診療報酬や介護報酬などの報酬改定による経済誘導と医療計画等の見直しによる政策誘導が実施されている（武藤，2013）。

　2025年問題に向け医療政策は大きく変革中であり，ヘルスケア施設を取り巻く外部環境が大きく変わっている。この環境変化に合わせてヘルスケア施設の中にはドメイン（事業領域）の変更対応が必要になり，地域医療におけるポジショニングの見直しも必要となる他，ヘルスケア施設内の組織変更も必要になっている。

2025年問題に対する医療介護政策について

　2025年問題に対応する政策として，社会保障制度改革国民会議の報告書において医療・介護に係わる方向性として以下を掲げている。

> ・「病院完結型」から，地域全体で治し，支える「地域完結型」へ。
> ・受け皿となる地域の病床や在宅医療・介護を充実。川上から川下までのネットワーク化。
> ・地域ごとに，医療，介護，予防に加え，本人の意向と生活実態に合わせて切れ目なく継続的に生活支援サービスや住まいも提供されるネットワーク。

　そして，同報告書が打ち出す医療・介護の改革の内容は以下である。

・医療・介護サービスの提供体制改革。

・病床の機能分化・提携，在宅医療の推進等。

・病床の機能分化と連携を進め，発症から入院，回復期（リハビリ），退院までの流れをスムーズにしていくことで早期の在宅・社会復帰を可能にする。在宅医療・介護を推進し，地域での生活の継続を支える。

・地域包括ケアシステムの構築。介護が必要になっても住み慣れた地域で暮らせるよう，介護・医療・予防・生活支援・住まいが一体的に提供される地域包括ケアシステムを構築するため，医療と介護の連携，生活支援・介護予防の基盤整備，認知症対策，地域の実情に応じた要支援者への支援の見直し，マンパワーの確保。

・国民の健康増進，疾病の予防及び早期発見等を積極的に促進する必要。

このように，これまでの医療が病院を中心として診療と治療を担っていたのに対して，2025 年問題に対応する社会保障制度の改革は，疾病予防や早期発見に向けた取り組み，利用者の住み慣れた地域において地域全体で患者を直し支える仕組み，川上から川下まで切れ目なく治療を行うネットワーク化，在宅療養の推進などを謳っており，これまで以上に医療と介護の連携強化を図る予定である。

これら社会保障制度の改革は，高まる国民医療費の抑制を図るものであるが，同時に利用者の利便性を目指したものでもある。

地域医療構想について

地域医療構想は，2025 年の医療需要と病床の必要数について，医療機能（高度急性期・急性期・回復期・慢性期）ごとに推計し，各医療機関の足下の状況と今後の方向性を「病床機能報告」により「見える化」しつつ，各構想区域に設置された「地域医療構想調整会議」において，病床の機能分化・連携に向けた協議を実施するものである（厚生労働省 Web サイト）。

この地域医療構想は，2014 年 6 月に成立した「地域における医療及び介護の総合的な確保を推進するための関係法律の整備等に関する法律」（医療介護総合確保法）に基づき，2014 年 10 月から始まり 2016 年に全国の地域医療構

図表 3 - 6　地域医療構想

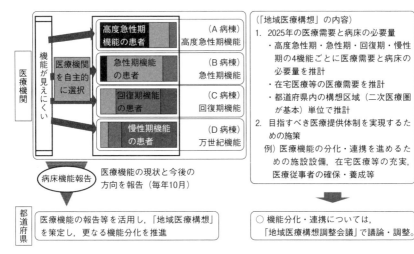

出所　厚生労働省 医政局　作成資料（2019）

図表 3 - 7　病床機能報告制度

○各医療機関（有床診療所を含む。）は，毎年，病棟単位で，医療機関の「現状」と「今後の方向」を，自ら一つ選択して，都道府県に報告。

医療機能の名称	医療機能の内容
高度急性期機能	○　急性期の患者に対し，状態の早期安定化に向けて，診療密度が特に高い医療を提供する機能 ※高度急性期機能に該当すると考えられる病棟の例 　救命救急病棟，集中治療室，ハイケアユニット，新生児集中治療室，新生児治療回復室，小児集中治療室，総合周産期集中治療室であるなど，急性期の患者に対して診療密度が特に高い医療を提供する病棟
急性期機能	○　急性期の患者に対し，状態の早期安定化に向けて，医療を提供する機能
回復期機能	○　急性期を経過した患者への在宅復帰に向けた医療やリハビリテーションを提供する機能。 ○　特に，急性期を経過した脳血管疾患や大腿骨頚部骨折等の患者に対し，ADLの向上や在宅復帰を目的としたリハビリテーションを集中的に提供する機能（回復期リハビリテーション機能）。
慢性期機能	○　長期にわたり療養が必要な患者を入院させる機能 ○　長期にわたり療養が必要な重度の障害者（重度の意識障害者を含む），筋ジストロフィー患者又は難病患者等を入院させる機能

出所　厚生労働省 医政局　作成資料（2019）

想が作成されている。この過程にあっては，病床を有する医療機関（病院，有床診療所）が7月時点で所有する病床の主に担っている医療機能（高度急性期・急性期・回復期・慢性期）を病棟単位で毎年10月に都道府県に報告している。

病院の今後のあり方やゆくえ

　この地域医療構想に基づき，地域医療構想調整会議が開催されている。この調整会議は，地域医療構想区域ごとに，診療に関する学識経験者その他医療関係者，医療保険者その他の関係者による協議を設け，関係者の連携を図り，将来の病床数の必要量を達成するための方策について協議を行うものである。この調整会議において具体的対応方針として協議されることは，2025年を見据えた構想区域において担うべき医療機関の役割，2025年に持つべき医療機能ごとの病床数である。

　地域医療構想の実現に向けて，医療機関が地域医療構想調整会議で協議を行い，医療機能分化と連携を進めて行くが，自主的な取り組みでは，機能分化や連携が進まない場合は，都道府県知事の役割が適切に発揮されるものとされている。

　具体的な動きは以下が示されている。

STEP 1
　個々の病院の再編に向け，地域医療構想調整会議で協議を促進し，救急医療や小児，周産期医療等の政策医療を担う中心的な医療機関の役割の明確化を図り，その他の医療機関は，中心的な医療機関が担わない機能や中心的医療機関との連携を踏まえた役割の明確化を図る。
STEP 2
　病床機能の転換等に伴う施設整備の補助を都道府県が地域医療介護総合確保基金による支援を行う。
STEP 3
　都道府県知事が医療法の役割を発揮して機能分化や連携を推進する。地域で過剰な医療機能に転換する医療機関に対しての転換の中止命令や要

請・勧告。地域で不足する医療機能を担うように指示（公的医療機関等），要請・勧告（民間医療機関）。病院開設許可申請に対して地域で不足する医療機能を担うように開設許可への条件付与。

　2014 年の病床数と 2025 年の国内必要病床数の目標は以下のようになる。

　2014 年の病床数は 123.4 万床であり，内訳は，高度急性期 19.1 万床，急性期 58.1 万床，回復期 11.0 万床，慢性期 35.2 万床である。

　2025 年の必要病床数の目標は 115〜119 万床程度であり，高度急性期 13.0 万床，急性期 40.1 万床，回復期：37.5 万床，慢性期 24.2〜28.5 万床である。

　2014 年の病床数の実数と 2025 年の目標病床数を比較すると，急性期病床は必要量予測に対して過剰であるが，回復期病床が不足していることがわかる。

　地域医療構想調整会議においては，救急医療や小児周産期医療等の政策医療を担う医療機関の役割の明確化を図るとともに，個々の病院の再編に向けた対応を協議し，急性期病床から回復期病床への転換が図られている。さらに，病床機能の転換等に伴う施設整備の補助の支援も行われている。しかし，急性期病床から回復期病床への転換は進んでいないのが現状である。

病床の機能分化と川上から川下までのネットワーク

　社会保障制度改革国民会議報告書の報告性は，川上（発症）から川下（完治）までのネットワーク化，病床の機能分化と連携を進め，発症から入院，回復期（リハビリ），退院までの流れをスムーズにしていくことで早期の在宅・社会復帰を可能にする。と述べている。

　ここで，病床機能分化は，医療機能別に高度急性期医療，急性期医療，慢性期医療に分かれる。病床の機能の内容は以下である。

〈高度急性期医療〉
　急性期の患者に対し，状態の早期安定化に向けて，診療密度が特に高い医療を提供する機能である。
〈急性期医療〉
　急性期の患者に対し，状態の早期安定化に向けて，医療を提供する機能

である。

〈回復期医療機能（回復期リハビリテーション機能）〉

　急性期を経過した患者への在宅復帰に向けた医療やリハビリテーションを提供する機能である。特に，急性期を経過した脳血管疾患や大腿骨頸部骨折等の患者に対し，ADL（Activities of Daily Living 日常生活動作）の向上や在宅復帰を目的としたリハビリテーションを集中的に提供する機能である。

〈慢性期医療機能〉

　長期にわたり療養が必要な患者を入院させる機能であり，長期にわたり療養が必要な重度の障害者（重度の意識障害者を含む），筋ジストロフィー患者又は難病患者等を入院させる機能である。

　診療機能別の疾病の発症と診療機能別の川上（発症）から川下（完治）へのネットワークは以下の流れになる。① 健康診断，健康増進による疾病の予防と早期発見，② 発症時の高度急性期医療・急性期医療と入院，③ 回復期におけるリハビリテーション，④ 退院後の在宅における看護や介護，である。

医療のバリューチェーン（ケアデリバリーバリューチェーン）

　病院の機能分化と医療連携の推進における川上（発症）から川下（完治）までの一連の流れは，バリューチェーン（価値連鎖）として捉えることが出来る。

　バリューチェーン（価値連鎖）は，企業が生み出す付加価値は主活動である購買物流→製造→出荷物流→販売・マーケティング→サービスと，支援活動である全般管理，人事労務管理，技術開発，調達活動の連鎖によって生み出されているという考えである。これは，原料を提供し，加工し，流通し，最終消費者に提供するまでに価値を生み出し，チェーンに参加する企業が価値を享受するシステムである。

　ポーター他（2006）は，企業が付加価値を生み出すバリューチェーンの仕組みを基にして医療提携におけるバリューチェーン（Care delivery value chain）を唱えている。医療のデリバリーチェーンであるケアデリバリーバリュー

図表3-8　バリューチェーン図

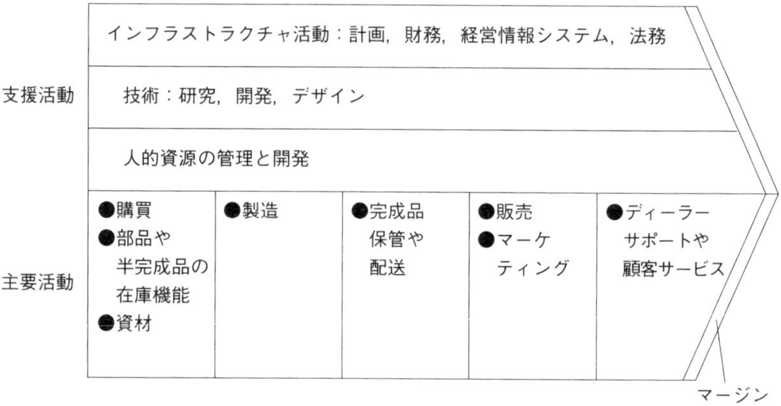

支援活動	インフラストラクチャ活動：計画，財務，経営情報システム，法務				
	技術：研究，開発，デザイン				
	人的資源の管理と開発				
主要活動	●購買 ●部品や 　半完成品の 　在庫機能 ●資材	●製造	●完成品 　保管や 　配送	●販売 ●マーケ 　ティング	●ディーラー 　サポートや 　顧客サービス

マージン

出所　Porter（1985）

チェーンの内容は以下である。ある病態を持つ患者にケア・サイクルを通して診療する場合の各種業務を表すもので，バリューチェーンの始まりは特定の病態を特定する診断に始まり，次に治療行為の準備，治療行為である介入，次に回復のためのリハビリテーション，そして最後にモニタリングと管理で終了する。このバリューチェーンにより，医療機関が医療提供をどのように行い，他の医療機関との相互関係を理解して患者にとって医療提供の向上に向けたプロセスの向上修正に役立つ。そしてこれらのケア・サイクルにおいて各段階において反復することも多い。

　ポーターは，これらの一連の流れにおいて，医療機関が専門とする領域に傾注することを述べ，診療機能分化と医療連携についても述べている。さらにケア・サイクルにおいて各段階で反復することも多いと述べており，ある疾患が完治したのちに，別の疾患で発症から介入，リハビリテーション，退院の流れをたどることも多いことを述べている。

　このケア・サイクルの一例として循環器領域の治療の一連の流れをあげると，①患者が体調変化に伴う受診で循環器疾患が診断，②治療に向けた手術準備，③手術実施，④回復期リハビリテーション，⑤退院後の管理と通院，となる。尚，循環器疾患の再発によることからのケア・サイクルの反復や，別

図表3-9　医療提供のバリュー・チェーン

ノウハウの開発	（診療実績の評価と追跡，スタッフ／医師の研修，技術開発，診療プロセスの改善）					医療提供者の利益
情報提供	（患者教育，患者へのカウンセリング，治療に先立つ教育プログラム，患者のコンプライアンスに関するカウンセリング）					
患者評価	（検査，画像診断，カルテ管理）					
アクセス	（外来受診，検査受診，入院加療，患者の搬送，訪問看護，遠隔診療）					
モニタリング／予約・病歴・検診・リスク因子の特定・予防プログラム	診断・病歴・検査項目の特定と準備・データの解析・専門家との相談・治療計画の決定	準備・チームの選択・介入前の準備検査前検査後	介入・投薬の指示，実施・処置の実施・カウンセリングセラピーの実施	回復／リハビリ・入院患者の回復・入院患者と外来患者のリハビリ・治療の微調整・退院計画の作成	モニタリング／管理・患者の病態モニタリング・管理・治療へのコンプライアンスのモニタリング・生活習慣病のモニタリング	

出所：Porter and Teisberg（2006）邦訳 p.308

の疾患である脳外科領域の疾患発症によるケア・サイクルの発生などが考えられる。

　ポーターの述べるケア・サイクルの流れは，社会保障制度改革国民会議報告書の医療・介護に係わる方向性に記載されたものと同様のものと捉えることができる。ケア・サイクルの，病態を特定する診断，治療行為の準備，治療行為の介入，回復のためのリハビリテーション，最後のモニタリングと管理までの一連の流れと，「川上から川下までのネットワーク化」「病床の機能分化と連携を進め，発症から入院，回復期（リハビリ），退院までの流れをスムーズにしていくこと」は同様のものと捉えられる。

参考文献
Porter, M. E (1985) Competive Advantage, The Free Press（土岐坤・中辻萬治・小野寺武夫訳（1986）『競争優位の戦略』ダイヤモンド社）.
Porter, M. E. and E. O. Teisberg (2006) Redefimimg Health Care,Harvard Business Press（山本雄士

　訳（2009）『医療戦略の本質』日経 BP 社）.
経済産業省（2020）『経済産業省年報』
厚生労働省（2019）『平成 30 年版厚生労働白書』
羽田明浩（2015）『競争戦略論から見た日本の病院』創成社.
真野俊樹（2006）『入門医療経済学』中央公論新社.
武藤正樹（2013）『2025 年へのロードマップ』医学通信社.

第Ⅱ部

第4章

ヘルスケア組織の発展段階の事例

　これまで第Ⅰ部で述べてきたように，ヘルスケア組織は一般企業業等の組織と異なった組織特性を持っており，ヘルスケア組織を取り巻く外部環境の動向によってその組織の発展に大きな影響を受けている。

　第Ⅱ部ではヘルスケア組織の発展段階の事例を採り上げることで，ヘルスケア組織が開設から今日までどのように発展を遂げてきたかを理解する。第Ⅱ部で採り上げるのは以下のヘルスケア組織である。

　① 高木病院・国際医療福祉大学

　② 聖路加国際病院

　③ 相澤病院

　④ 大阪赤十字病院

　⑤ 東京都済生会中央病院

　⑥ 日鋼記念病院

　⑦ 昭和伊南総合病院

　7つのヘルスケア組織が発行している周年記念誌の記載内容から各組織の開設から今日まで，どのように組織の発展段階を遂げたのかを検証する。

1. 設立母体と開設時の組織形態

設立母体による区分

　この章で採り上げるヘルスケア組織を設立母体別に区分すると次のようにな
る。
・医療法人を設立母体とする組織
　医療法人高邦会高木病院，社会医療法人財団相澤病院，社会医療法人日鋼記
　念病院
・学校法人を設立母体とする組織
　学校法人国際医療法人，学校法人聖路加国際大学聖路加国際病院
・自治体のよる組合を設立母体とする組織
　昭和伊南総合病院
・公的組織を設立母体とする組織

図表4-1　病院組織の概要

	組織名	設立母体	所在地	病床数	診療科	職員	開設時組織
1	高木病院	医療法人社団高邦会	福岡県大川市	506床	42診療科	1,276人	無床眼科診療所
2	聖路加国際病院	学校法人聖路加国際大学	東京都中央区	520床	33診療科	2,500人	無床診療所
3	相澤病院	社会医療法人財団慈泉会	長野県松本市	460床	37診療科	1,415名	無床診療所
4	大阪赤十字病院	日本赤十字社	大阪市天王寺区	909床	36診療科	1,803人	病院（200床）
5	東京都済生会中央病院	社会福祉法人恩賜財団済生会	東京都港区	535床	35診療科	1,283人	病院（180床）
6	日鋼記念病院	社会医療法人母恋	北海道室蘭市	479床	25診療科	797名	病院（NA50人入院可能）
7	昭和伊南総合病院	伊南行政組合駒ヶ根市・飯島町・中川村・宮田村が構成	長野県駒ヶ根市	300床	19診療科	507人	病院（100床）

出所：各種資料に基づいて筆者作成

日本赤十字社大阪赤十字病院，社会福祉法人恩賜財団済生会東京都済生会中央病院

開設時の組織形態による区分
・無床診療所として開設した組織
　高木病院・国際医療福祉大学，聖路加国際大学，相澤病院
・当初から病院組織として開設した組織
　日鋼記念病院，大阪赤十字病院，東京都済生会中央病院，昭和伊南総合病院

　これはバーナード（1938）が述べる組織の発生方法から見ると，個人の組織しようとする努力の結果によって診療所を開設しているのは，高木病院，聖路加国際病院，相澤病院であり，既存組織から派生した子組織として最初から病院組織の形態で発生しているのは日鋼記念病院，大阪赤十字病院，東京都済生会中央病院，昭和伊南総合病院であると捉えられる。
　尚，日鋼記念病院と昭和伊南総合病院は設立母体が途中で変更している。日鋼記念病院の設立母体は，当初の職工共済から株式会社に移り，設立70年程経過した後に分離独立して医療法人社団が母体となっている。昭和伊南総合病院は当初の組合立病院から厚生連立病院に移行した後に分離独立して組合立病院となっている。
　分離独立の経緯は，バーナード（1938）が述べるように分裂によって既存組織から分離したものと捉えることもできる。

2.　各ヘルスケア組織の経営理念の比較

組織の目的としての経営理念の比較
　バーナード（1938）は，公式組織の3要素として組織の目的，伝達，貢献意欲を上げている。ここでは，組織の目的としての経営理念から見る組織特徴の比較を試みる。

図表 4 - 2　経営理念の比較

組織名	経営理念
高木病院・ 国際医療福祉大学	生命の尊厳，生命の平等　医療の充実発展に努め，地域社会に貢献 人材育成に努め，医療界の発展に貢献 「共に生きる社会」の実現を目指して
聖路加国際病院	キリスト教の愛の心が人の悩みを救うために働けば苦しみは消えてその人は生まれ変わったようになるこの偉大な愛の力をだれもがすぐわかるように計画されてできた生きた有機体がこの病院である
相澤病院	私たちの病院は，医の本質としての救急医療と医の心としての全人的医療を病院医療の原点と考え，その実践に意を注いでいます
大阪赤十字病院	わたしたちは人道・博愛の赤十字精神に基づきすべての人の尊厳をまもり心のかよう高度の医療をめざします
東京都済生会中央病院	「済生の精神」に基づいた思いやりのある保健・医療・福祉サービスの提供を通じて社会に貢献します （「済生の精神」とは，分け隔てなくあらゆる人々に医療・福祉の手を差しのべることです）
日鋼記念病院	訪れたとき，いつも「ほっ」としてもらえる病院である　よりよい医療を提供するために「一歩前へ」を目指す 病院は地域の財産，職員は病院の財産である
昭和伊南総合病院	和顔愛語　笑顔と優しさを持って，患者さんのお世話をします 昭和伊南総合病院は伊南地域の中核医療機関として，地域住民の安全安心のために，良質で安定した医療を提供し，自治体病院としての使命を果たします

出所：病院紹介に基づき筆者作成

高木病院・国際医療福祉大学

　高木病院が掲げている理念は，「生命の尊厳，生命の平等　医療の充実発展に努め，地域社会に貢献　人材育成に努め，医療界の発展に貢献」である。高木病院の院長挨拶には，筑後広域と佐賀県南東部広域の住民の命を守る中核医療機関として，安全で安心な，質の高い医療の提供に努め，住民一人ひとりの生命に寄り添い，信頼される医療の実現に取り組んでいくことを述べている。この内容から，同病院は地域の中核病院として地域医療の充実発展を目指して来たと捉えられる。

　そして，国際医療福祉大学の理念は，「「共に生きる社会」の実現を目指して」である。これは，病気や障害を持つ人，健常な人，さまざまな職種，そして文化的に異なった背景を持っている人々が互いに認め合って共に生きるに

は，多様性を受け入れ，新しい環境に適応することが極めて重要である，と述べており，医療福祉の現場はもちろん，あらゆる場面においても多様性を受容し，自らの専門性を発揮できる人材の育成に力を入れている。ことを掲げており，多様性を受け入れて医療職の多職種の連携を重視していることと捉えられる。

聖路加国際病院

　聖路加国際病院の理念は，創設者のトイスラー医師が掲げる「キリスト教の愛の心が人の悩みを救うために働けば苦しみは消えてその人は生まれ変わったようになるこの偉大な愛の力をだれもがすぐわかるように計画されてできた生きた有機体がこの病院である」である。

　この理念について，院長挨拶では，『キリスト教の愛の心』とは，神様がイエス・キリストをこの世に遣わされたほどに私たち人間を愛してくださったように，職員一人ひとりが「病める人々のために身も心も寄り添うような医療」を提供することを求めている。そして『生きた有機体』は，医学の発展や時代の変化を敏感に捉え成長することであり，先端的な教育・研究に支えられた質の高い安全な医療の実践を求めていると述べている。これは，医療人として患者への対応と，時代の変化に対応した先端研究を背景とした高度先進医療を行なうことを述べていると捉えられる。

相澤病院

　相澤病院の掲げる理念は，私たちの病院は，医の本質としての救急医療と医の心としての全人的医療を病院医療の原点と考え，その実践に意を注いでいます，である。そして，病院の行動規範として以下を掲示している。「私たちの病院は，医の本質としての救急医療と医の心としての全人的医療を病院医療の原点と考え，その実践に意を注いでいます。急性期医療を担う地域の中核病院として地域の皆さんから信頼される病院づくりに取り組んでいます。病院を自己実現の場として，職員一人一人が生き生きと仕事を行い，皆でそのエネルギーを結集することにより，私たちの病院を夢と感動と輝きに満ちた病院にしていきます」。

　これは，病気を診るのではない患者の全人を診ることの大切さを述べるとともに，急性期医療による地域の中核病院であることと併せて地域から信頼される病院であることを掲げた内容となっている。

大阪赤十字病院

　大阪赤十字病院の理念は，わたしたちは人道・博愛の赤十字精神に基づきすべての人の尊厳をまもり心のかよう高度の医療をめざします，である。大阪赤十字病院病院長は，大阪赤十字病院の基本方針として，「質の高い急性期医療・高度な専門医療を提供します。地域との円滑な医療連携に努めます。国内外の災害救護，医療救援に積極的に参加します。医療人の育成に努めます」と述べている。

　大阪赤十字病院は，赤十字社精神に基づいて人道と博愛を掲げて，高度な急性期医療を行なうとともに，地域医療の連携を行うことを掲げている。併せて，大阪赤十字病院の歴史においても書かれている災害救護，医療救援を行うことと，研修医と看護師を中心とした人材育成に努めることを述べている。

済生会東京都中央病院

　済生会東京都中央病院の理念は，「済生の精神」に基づいた思いやりのある保健・医療・福祉サービスの提供を通じて社会に貢献します，である。済生会東京都中央病院院長の挨拶には，「創立より「済生の精神（分け隔てなくあらゆる人々に医療・福祉の手を差しのべること）」に基づき，生活困窮者支援を含め，必要とされるあらゆる人々に対し医療を行い続け100年以上が経過しました。次の100年に向けても，当院は変わらず，保健・医療・福祉を含めた広い観点から全ての人々を支えていく病院としてあり続けたいと考えております」と記載されている。

　これは，済生会の設立より掲げている，生活困窮者他に対する無料・低額医療を実施と併せて医療・介護・福祉の充実をこれからも行っていくものと捉えることができる。

日鋼記念病院

　日鋼記念病院の理念は，訪れたとき，いつも「ほっ」としてもらえる病院である。よりよい医療を提供するために「一歩前へ」を目指す。病院は地域の財産，職員は病院の財産である。を掲げている。日鋼記念病院の院長挨拶として，「「ほっ」としていただける病院，「一歩前へ」を目指す病院であり続けます」と述べている。災害拠点病院として災害発生時には，医療救護活動に当たること，地域周産期母子医療センターとしてニーズに合った出産を24時間体制で支援すること，医療圏の地域がん診療拠点病院として質の高いがん治療の実践に努めることを述べており，これからも地域の基幹病院として，地域に必要とされ，信頼される質の高い病院となるべく努力することを掲げている。

　災害救護対応と周産期医療とがん対応の病院として地域医療に貢献するものと捉えることができる。

昭和伊南総合病院

　昭和伊南総合病院の理念は，和顔愛語　笑顔と優しさを持って，患者さんのお世話をします。伊南地域の中核医療機関として，地域住民の安全安心のために，良質で安定した医療を提供し，自治体病院としての使命を果たします，である。昭和伊南総合病院院長の挨拶として，「この駒ヶ根市を中心とした4か市町村で運営される組合立総合病院で，この地域の中核病院としての役割を担っております」。

　病院の理念である「和顔愛語」は，和やかな笑顔と思いやりのある言葉で人と接することをいい，この「和顔愛語」の精神にのっとり，患者目線に立った医療を実践すべく，職員一同で対応させていただいていることを述べている。

　各病院の理念に共通することは，病院組織の所在する地域医療への貢献にすることと，高度医療の提供を行うことである。

　一方で各病院組織の理念において異なることは，病院組織の成り立ちや発展段階を背景としたものである。国際医療福祉大学の共に生きる社会の実現，聖路加国際病院の「キリスト教の愛の心」で述べる病める人々のために身も心も寄り添うような医療の提供，相澤病院の医の心としての全人的医療を病院医療

の原点と考えること，大阪赤十字病院の人道・博愛の赤十字精神に基づき人の
尊厳をまもり心のかよう高度の医療の実践，済生会東京都中央病院の「済生の
精神」によるあらゆる人々に医療・福祉の手を差しのべることに基づく生活困
窮者支援に対する医療，日鋼記念病院のいつも「ほっ」としてもらえる病院は
地域の財産，昭和伊南総合病院の和顔愛語で笑顔と優しさを持って患者さんの
対応すること，昭和伊南総合病院院長の，和顔愛語による和やかな笑顔と思い
やりのある言葉で人と接することなどは各病院組織の特徴を表しているものと
捉えられる。

3．各ヘルスケア組織の発展段階について

　ここに採り上げるヘルスケア組織の開設から今日までの組織の発展段階はそ
れぞれ異なっている。各組織の発展段階の特徴は次のようなものである。

高木病院・国際医療福祉大学

　高邦会・国際医療福祉大学グループは 1910 年に開設した眼科診療所を起源
としている。この診療所は高邦会・国際医療福祉大学の現理事長高木邦格氏の
祖父高木吉彦氏が開設したものである。その後，開設者次男の高木維彦医師が
医院を引継ぎ 19 床の高木外科医院を開設している。その後に外科診療所から
病院組織へと移行し病床数 47 床 2 診療科の病院から診療科増設と病床規模の
拡大によって 500 床規模の病院へと発展している。

　1980 年代後半より急性期医療から回復期医療さらに慢性期医療と介護を行
う介護老人保健施設への医療機能の川下への垂直統合が行われている。その過
程で地理的な拡大によって栃木県で医療施設を開設している。

　1995 年に医療の総合大学の国際医療福祉大学開学によって，大学を中心と
して医療機関の連合体が関連する多角化によって教育・医療・福祉の複合体と
して，それぞれが特徴を持った施設として機能している。

図表 4 - 3　ヘルスケア組織の発展段階

組織名	組織発展段階特徴
高木病院・国際医療福祉大学	無床医院として開設後，外科医院，外科病院から診療科目を増やして規模拡大する。診療機能の拡大後に地理的拡大と事業の多角化を行い医療系総合大学へと移行する。
聖路加国際病院	無床診療所として開設後に病院として規模拡大する。関東大震災での倒壊，終戦後の米軍接収後の返還，開設から同一地域で規模拡大。その後，経営母体は財団法人から学校法人に移行
相澤病院	無床診療所として開設後に病院として規模拡大する。開設から同一地域で規模拡大。開設母体は，個人医院から医療法人財団を経て特定・特別医療法人から社会医療法人へ移行している。
大阪赤十字病院	日本赤十字社支部病院として開設 従軍医療者の養成と軍務対応が使命 戦後は軍関係病院から米軍接収の歴史を有する。現在は高度先進医療を行う病院となる。
東京都済生会中央病院	済生会直営病院として開設 医療受診困窮者への無償低額診療を行うことを使命とする。乳児院，民生病院の運営を行った歴史を有する。現在は高度医療を行う病院である。
日鋼記念病院	民間病院として開設後すぐに企業立病院となり，企業発展に伴い規模拡大する。その後企業立から医療法人立へ移行するが，移行後に経営権を巡って対立する。社会医療法人へ移行済み。
昭和伊南総合病院	長野県 4 か市町村で運営される組合立病院として発足後に長野県厚生連へ移管，その後組合立病院へ移行 組合立病院として単体で規模拡大を遂げている

出所：筆者作成

聖路加国際病院

　トイスラー医師着任前の宣教医師によって診療所として開設した後に築地病院へ移行している。トイスラー医師着任後に聖路加病院と改称し少数の医師と複数診療科で診療を始めている。病院は増床に伴う規模拡大により早い段階で職能別組織に移行している。

　その後関東大震災，第二次大戦の戦禍の後，米軍による接収・返還と激しく転換する過程を経て 100 年近く職能別組織を堅持している。1920 年代に病院管理を修学した米国人を事務長として組織運営体制の整備に取り掛かりその後1939 年に庶務会計規定を制定し組織の任命を行うなど病院管理体制が整備されており，後に厚生省病院管理研修所のモデル病院に指定されている。このように職能別組織において病院管理体制がうまく構築されたこと，他病院の新

設・病院買収等を行わなかったことから職能別組織は 100 年近くも堅持されることとなった。その後，2014 年に学校法人の附属施設に移行している。

　聖路加国際病院は他の病院チェーンのような地理的拡大や介護分野への垂直統合は行っていない。

相澤病院

　長野県松本市に所在する社会医療法人財団慈泉会相澤病院は，1908 年に無床の相澤医院が開院してから 110 年以上の歴史を有して長野県松本市において病院の規模拡大と診療機能の充実によって地域医療に貢献してきた病院である。病院の開設主体は，当初の個人医院から医療法人財団へ移行しその後，特定医療法人，特定・特別医療法人をへて現在は社会医療法人となっている。開設時の無床診療所から 25 床の病院へ移行し，その後段階的に病床規模を拡大して 471 床まで拡大した後，現在の 460 床となっている。

　1990 年代に赤字決算となったことから対応策として理念の策定や経営方針の明確化等の改革を行っている。救急医療，地域医療連携に注力して地域医療支援病院に認定されている。尚，地理的な拡大のよる他県への進出等は行っていない。

大阪赤十字病院

　日本赤十字病院の開設目的に戦時救護と平時救護の救護員，救護看護婦の養成であったため看護婦の養成も一般病院の看護婦養成と趣が異なっている。また，有事には陸軍病院に供する任務があるため陸軍病院の軍医とは開院時から関わりがあり，開院時に陸軍から大阪支部病院兼務である軍医が在籍していた。開院度の病床規模は 200 床であり診療科は内科，外科，眼科，産婦人科の 4 診療科であった。その後診療科増設と病床増設によって規模拡大を示現している。戦時体制の移行期には，陸軍病院となり傷病兵の収容を専ら行っていた。医師と看護師が応召しており，戦死者と殉職者も出ている。終戦後は米軍の接収により他地域で病院運営を行っていた歴史がある。

　米軍接収解除以降は，高度医療の実施を目指して診療内容の充実や経営改革が行われ，1990 年代には病院建物の改築建設と併せて診療機能の高度化と経

営健全化と運営体制の見直しが図られている。災害時の医療従事者の派遣は頻繁に行われている。

東京都済生会中央病院

　1915 年に済生会の直営病院として北里柴三郎博士を院長に 180 床で診療を開始している。開設時の診療科は，内科，小児科，外科，産婦人科，皮膚科，泌尿科，耳鼻咽喉科，眼科の 8 科であり，職能別組織として，診療部門，調剤部門，事務部門があった。看護婦養成所を有して看護婦見習生が学んでいた。

　生活困窮者への医療提供を使命としていること，災害発生時の救護班の現地派遣，巡回看護婦による訪問看護の実施，関東大震災の罹災者向けの乳児院の設立を契機とした乳児院と産院の運営，戦前からの社会医療事業，生活困窮者向けの民生病院の運営などを行っていることに特色がある。

　現在は，高機能病院としての体制も整備し，地域医療支援病院となっている。

日鋼記念病院

　民間病院として病床数 50 床で開設し 10 日後に職工共済会に移管し，2 年後に株式会社日本製鋼所に移管し企業立病院として診療科と病床規模の増設により規模の拡大を図っている。1979 年に企業立病院から医療法人立病院へと分離独立するが，経営権を巡っての対立があった。その後に和解した後は診療機能の充実と病床数増加による規模拡大している。

　企業立病院時代は赤字体質であったが独立後は黒字計上となっている。

　病院の設立母体は，医療法人社団日鋼記念病院から 2001 年に医療法人名を変更し医療法人社団カレスアライアンスとなっている。2003 年に社会福祉法人聖母会より天使病院を継承し，2007 年に医療法人社団母恋へと法人名を変更して，2010 年に全国初の社会医療法人化によって社会医療法人母恋となっている。

昭和伊南総合病院

　昭和伊南総合病院は，1934 年に有限責任赤穂購買利用組合昭和病院として

病床数100床で開院した後に，火災で病院建物を焼失し，その後1943年に長野県農業会に移管された後1963年に上伊那南部病院組合（現，伊南行政組合）に委譲され昭和伊南病院と改称し1964年に昭和伊南総合病院となっている。

　開設当初から病院として開院し，増改築に伴い規模を拡大して，現在の病床数300床を有する病院となっている。医師の派遣は開設当初から1970年頃までは名古屋大学からであったが，その後信州大学から派遣されるようになっている。

　長野県4か市町村で運営される病院であり地理的な拡大は行っていない。看護師養成施設等も併設せず，病院単体組織として規模拡大を行っている。

事例①

国際医療福祉大学・高邦会グループ 組織の発展

1. 国際医療福祉大学・高邦会 (IHW) グループの概要

　国際医療福祉大学・高邦会グループは1995年に開学した医療福祉専門職の養成とその地位向上を目指す日本初の高等教育機関である国際医療福祉大学・大学院を中核に複数の大学学部，専門学校，病院，診療所，介護福祉施設などを有するグループを形成している。附属病院（熱海病院，三田病院，塩谷病院，成田病院）の他，全室個室でホテル仕様の都市型病院モデルである山王病院（東京都港区）を始め，独自性に富む施設の展開に積極果敢に取り組んでいる。

　ミッションは，「新たな価値を創造し，医療・教育業界の先駆者であり続ける」であり，ビジョンは，「私たちは，日本初の医療福祉の総合大学「国際医療福祉大学」と，さまざまな医療福祉施設の連携によって，教育・研究に加え，あらゆる医療福祉のニーズに最高レベルで応える複合体を志しています。医療技術の進歩で，「人生100年時代」が現実になりつつある中，私たちは医療・教育業界の先駆者であり続けます。「地域創生」「グローバル展開」「イノベーション」という3つの軸を重視し，新たな価値を創造し続けます。新しい時代，令和の幕開けとともに，その決意を新たにし，日本と世界に貢献していきます」を掲げている。

　国際医療福祉大学・高邦会グループの組織体制は福岡県に医療法人社団高邦会，社会福祉法人高邦福祉会，学校法人高木学園，栃木県には学校法人国際医療福祉大学，医療邦人社団平成記念会，社会福祉法人邦友会，東京都には医療法人順和会を擁しており，東京都港区には国際医療福祉大学東京事務所があ

る。その他，グループの関連企業として医療福祉情報の CS デジタル放送や調査・研究を手掛ける株式会社医療福祉総合研究所（東京都港区），医療資材の共同購入や施設・機器のメンテナンスを行う日本医療サービス株式会社（東京都港区），金融機関向けの医療福祉機関の経営審査や経営診断・経営コンサルティングを行う株式会社医療福祉運営機構を傘下に持つ点もユニークである（淺野，2006）。

　国際医療福祉大学・高邦会グループ（IHW グループ）には，学校法人国際医療福祉大学，社会福祉法人邦友会，医療法人財団順和会，医療法人社団高邦会，社会福祉法人高邦福祉会，学校法人高木学園の計 6 法人がある。創立から110 年を経過し，全国で約 60 施設を運営し，職員数 12,000 人，学生数 10,000人を有するグループである。

　2022 年現在，教育部門として 2 大学・3 専門学校，医療施設として 12 病院・5 診療所，医療福祉施設として 22 施設を擁しており，グループの施設は栃木，東京，千葉，神奈川，熱海，福岡県に所在している。

図表①-1　国際医療福祉大学・高邦会グループの施設一覧

> **教育部門（大学・専門学校）**
> 〈栃木地区〉
> 学校法人国際医療福祉大学　保健医療学部・医療福祉学部・薬学部
> 学校法人国際医療福祉大学　国際医療福祉大学塩谷看護専門学校
> 〈千葉地区〉
> 学校法人国際医療福祉大学　成田看護学部・成田保健医療学部
> 学校法人国際医療福祉大学　医学部
> 〈東京地区〉
> 学校法人国際医療福祉大学　赤坂心理・医療福祉マネジメント学部
> 〈小田原地区〉
> 学校法人国際医療福祉大学　小田原保健医療学部
> 〈九州地区〉
> 学校法人国際医療福祉大学　福岡保健医療学部・福岡薬学部国際医療福祉大学　福岡保健医療学部
> 学校法人高木学園　福岡国際医療福祉大学　医療学部・看護学部・言語聴覚学専攻科
> 学校法人高木学園　専門学校　柳川リハビリテーション学院
> 学校法人高木学園　大川看護福祉専門学校
> **医療部門（病院・クリニック）**
> 〈栃木地区〉
> 学校法人国際医療福祉大学　　国際医療福祉大学病院
> 学校法人国際医療福祉大学　　国際医療福祉大学塩谷病院
> 学校法人国際医療福祉大学　　国際医療福祉大学クリニック

〈東京地区〉
学校法人国際医療福祉大学　国際医療福祉大学三田病院
医療法人財団順和会　山王病院
医療法人財団順和会　山王バースセンター
医療法人財団順和会　山王メディカルセンター
医療法人財団順和会　赤坂山王メディカルセンター
〈千葉地区〉
学校法人国際医療福祉大学　国際医療福祉大学成田病院
学校法人国際医療福祉大学　国際医療福祉大学市川病院
〈熱海地区〉
学校法人国際医療福祉大学　国際医療福祉大学熱海病院
〈九州地区〉
医療法人社団高邦会　福岡山王病院
医療法人社団高邦会　福岡中央病院
医療法人社団高邦会　高木病院
医療法人社団高邦会　柳川リハビリテーション病院
医療法人社団高邦会　みずま高邦会病院
医療法人社団高邦会　有明クリニック
医療福祉施設（老健・特養　他）
〈栃木地区〉
社会福祉法人 邦友会国際医療福祉リハビリテーションセンター
社会福祉法人 邦友会特別養護老人ホーム　おおたわら風花苑
社会福祉法人 邦友会おおたわら総合在宅ケアセンター
社会福祉法人 邦友会児童心理治療施設　那須こどもの家
社会福祉法人 邦友会幼保連携型認定こども園 国際医療福祉大学 金丸こども園
社会福祉法人 邦友会幼保連携型認定こども園 国際医療福祉大学 西那須野キッズハウス
学校法人 国際医療福祉大学介護老人保健施設　マロニエ苑
学校法人 国際医療福祉大学にしなすの総合在宅ケアセンター
社会福祉法人 邦友会特別養護老人ホーム　栃の実荘
学校法人 国際医療福祉大学しおや総合在宅ケアセンター
〈東京地区〉
医療法人財団 順和会グループホーム青山
社会福祉法人 邦友会認可保育園　赤坂山王保育園
社会福祉法人 邦友会特別養護老人ホーム／障害者支援施設 新宿けやき園
〈九州地区〉
医療法人社団 高邦会総合ケアセンターももち
社会福祉法人 高邦福祉会認定こども園　高邦キッズハウス
医療法人社団 高邦会介護老人保健施設　水郷苑
医療法人社団 高邦会有明総合ケアセンター
社会福祉法人 高邦福祉会らいふサポートセンター柳川
社会福祉法人 高邦福祉会柳川療育センター
社会福祉法人 高邦福祉会特別養護老人ホーム　木もれ日苑
医療法人社団 高邦会ケアサポートハウス大川
社会福祉法人 高邦福祉会軽費老人ホーム　おおかわケアハウス

　国際医療福祉大学・高邦会グループの高木邦格理事長は,「国際医療福祉大学・高邦会グループの特徴は,教育・医療・福祉の複合体であり,同大学は日本初の医療福祉の総合大学であり,保健・医療・福祉に総合的な視点から教育に取り組んでいます。同質で大規模なフランチャイズ展開をするのではなく,各施設一つひとつがそれぞれの特徴をもち,機能しています。同大学および大学院の教育・研究を中核とし,こうした特徴ある9病院3診療所の医療機関と10施設もの福祉施設が連携を組むことで,あらゆる医療福祉ニーズに最高レベルで応える複合体を構成しています[1]」としており,同グループが教育・医療・福祉の複合体として,それぞれが特徴を持った施設として機能していることを述べている。

　同グループの理念・ビジョンはグループ全体の共通の理念として掲げており,具体的には,「人間中心の」「国際性を目指し」「社会に開かれた」「共に生きる社会」を築くのが大学の理念であり,「生命の尊厳,生命の平等」が医療法人社団高邦会の理念である。そして同グループの戦略は,同質の施設の大規模展開である水平拡充展開ではなく,大学及び大学院の教育・研究を中核に据え,病院,診療所,介護老人保健施設などを特徴に持った多様な各種施設が連携することにより将来の医療・福祉需要に適格かつ最高の水準で応えうる医療・福祉複合体を目指している（浅野,2006）。

　20世紀の初めに九州の大川市にあった診療所を基点とする同グループが,21世紀の今日の組織に発展した過程を高木病院三十年史と国際医療福祉大学十年史の記述により病院組織の進化と発展モデルとして考察する。

　高木病院三十年史には,高木邦格副理事長（現理事長）のご挨拶として「現在,高邦会は福岡県ばかりでなく,東京の山王病院,栃木県の老人保健施設マロニエ苑や国際医療福祉病院,さらに国際医療福祉大学など各地にまたがった関連施設と連携して発展してまいりました。30年かけて,日本の医療福祉分野でもユニークな道のりをたどり,ここまで大きなグループになったことは大変感慨深いものがあり,これからの発展のためにもこの30年誌が過去を顧みる良い機会となればと希望しています」と記載がある[2]。

1　木村廣道監修（2006）『変身を加速する医療ビジネス再編のリーダーたち』かんき出版

2.　高木病院の組織発展

　高邦会・国際医療福祉大学グループの起源は 1910 年に開設した高木眼科医院である。この診療所は高邦会・国際医療福祉大学グループの現理事長である高木邦格氏の祖父高木吉彦氏が開設したものである。当時の高木眼科医院は診療所とその裏にある自宅が渡り廊下で繋がっていたと記載がある。その後，開設者の次男である高木維彦氏（高木邦格氏父親）が医院を引継ぐため 1957 年に熊本大学の医局から戻り，1962 年に 19 床の高木外科医院を開設することになった。

高木外科医院（19 床）（1962 年〜1968 年）

　1962 年から 1968 年の高木外科医院は，診療科も外科のみの単一組織である。高木維彦院長を中心に外科分野の診療をしている小規模組織で，1 人の医師が業務の命令・指示も人事も全て行っており，医療技術職・看護職も数人いるだけである。

　この当時は職住一体で，自宅の部屋を患者が使っていたことや，診療報酬の請求作業に冬であれば職員みんなで炬燵を囲み，夜を徹して作業をすることもあり，時には職員のために，やきそばを作ったこともあったと記載がある。

高木病院（47 床〜99 床）（1968 年〜1977 年）

　1968 年に診療所から 1〜2km 程離れた場所に移転し高木病院を開設している。病床数 47 床で診療科目は胃腸科，外科の 2 診療科であった。この当時は院長夫妻も病院も泊まりこんだと記載がある。1969 年には 13 床増床し 60 床としている。

　1971 年に内科，整形外科，麻酔科を増設している。診療科は胃腸科，外科，内科，整形外科，麻酔科の 5 診療科となる。

　1972 年には大川建具工業団地内に診療所を開設，職場健康診断を開始する。

　2　高木病院三十年史

図表①-2　高木病院の病床数・病棟数推移

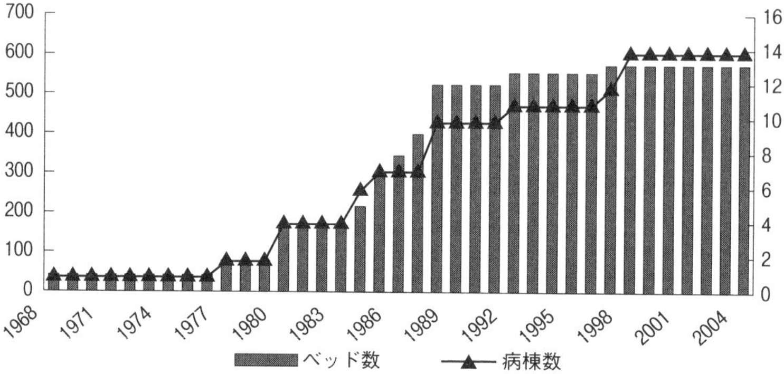

出所：高木病院 30 年史に基づき筆者作成

その後隣接地の 1500 坪を買い取り増設に備えている。

高木病院（99 床〜300 床）（1978 年〜1985 年）

　1968 年から 1977 年の高木病院は個人病院の形態で医師は診療科別に独立して診療科別の管理機構が出来上がり，コメディカルスタッフの機能も拡大して，看護部には看護部長の下に看護師長以下の階層も出来ている。また事務組織の事務室から事務組織を拡充するため幾つかの課が設けられており，診療部門，看護，事務等の職種別の職能別組織に移行済みの段階である。診療科は皮膚科を増設し，腎センターを開設している。病棟数は 2 病棟から 7 病棟へと増加している。病床数は引き続き段階的に増やして行くとともに，クリニックの開設，運動療法室の開設，CT 装置設置，薬剤室増設などの診療機能の上昇が図られている。

　1978 年に病床を 99 床としている。1980 年に新病棟を建築し，病床数 171 床となる。金融機関からの融資交渉は困難であり，資金調達の体制作りの大切さを痛感，東京事務所を開設し，東京で資金調達を行い，資金を九州に回すこととしたと記載がある。物品の購入も東京事務所で一元管理することとなった。

　1981 年に博多区にクリニックを開設している。増床により 200 床となっている。1984 年に増床により 216 床となる。

　1985 年に新病棟を建設すると共に，皮膚科の増設，透析を行う腎センター

を開設し，地元の医大の教育関連病院の指定を受けている。病床数300床となっている。

高木病院（300床〜520床）（1986年〜1989年）

　1986年から1989年の高木病院は医療法人の形態で診療部門，看護，事務等の職種別の職能別組織である。病床数は引き続き段階的に増やしている。診療科は眼科，脳神経外科，産婦人科を増設するとともにリハビリセンターの拡張，作業療法室の開設など引き続き診療機能の上昇が図られている。病棟数は7病棟から10病棟に増えている。医師の診療科別の管理機構が出来上がり，コメディカルスタッフの機能も拡大して，看護部組織も拡充されている。事務部門のスタッフも増加している。

　1986年に法人化で医療法人社団となり病床数を347床としている。1987年に眼科を開設，病床数を400床としている。

　1988年には，脳神経外科，産婦人科を開設し，433床に増床しさらに新病棟を増設し520床となっている。

高木病院（520床〜560床）（1990年〜1994年）

　1990年から1994年の高木病院の組織デザインは職能別組織から事業部制組織に移行する段階である。病床数増加は40床で増加ペースは緩やかになる。言語療法室の開設など診療機能の上昇が図られている。病棟数は10病棟から11病棟に増えている。医師の診療科別の管理機構，コメディカルスタッフの機能拡大，看護部組織も引き続き拡充されており，事務部門の機能拡充も図られている。

高木病院（560床〜580床）（1995年〜）

　1995年以降の高木病院は，急ピッチで多角化経営が行われ，事業部制組織となっている。さらに事業部制組織の中にマトリックス組織も誕生している。このマトリックス組織は，経理，管理，人事の職能において，本部の指示を受けると共に，各病院長の指示の下に置かれている。高木病院の病床数の増加は20床であり増加ペースは鈍化している。診療科は脳疾患センターの開設，消

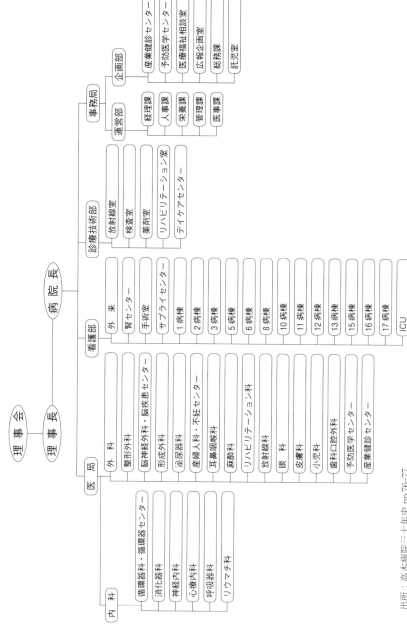

図表①−3　高木病院組織図 (1998 年 12 月現在)

出所：高木病院三十年史 pp.76-77

化器内科，心療内科，リウマチ科，歯科口腔外科，耳鼻咽喉科，小児科の開設
が行われると共に，MRI，CT などの導入など診療機能の充実が図られる。

　高木維彦理事長兼院長から院長職は矢永院長に引継がれ，高木維彦理事長は
経営に専念するようになっている。

　1995 年心療内科，脳疾患センターを開設している。1996 年本館をオープン。
消化器内科，循環器センターをオープンする。1997 年病床数を 580 床に増設
している。耳鼻咽喉科開設。1998 年小児科を再開設している。

3. 多角化による発展（1990 年〜）

　1989 年に国際医療福祉大学設立構想委員会を発足し，大学設立の準備を始
めている。

　大学設立経緯について高木（2003）は[3]「栃木県には医療福祉の養成校がな
かったため，医療福祉分野の大学とか養成校をつくりたいという要望が県から
ありました。当時の厚労省で，保健医療総合大学構想，いわゆる医師以外の専
門職の方々の地位の向上が必要だという答申が出たのです。もともと国立でや
るつもりであったが，大蔵省の認可が出ないということで厚生省の保健医療総
合大学構想を栃木県に持っていって，その代わり栃木県とか地元の市から資金
援助していただいては，いうことになりました」と述べており，コメディカル
スタッフの養成と地位向上目的で大学設立を目指したことが分かる。

　チーム医療の発展には看護師や理学療法士を初めとする医療専門職の地位向
上が不可欠との考えに至り，大谷藤朗博士（元厚生省医務局長）を学長に国際
医療福祉大学を開学したとしている（浅野，2006）。

　1990 年に関連施設である柳川リハビリテーション病院（240 床）を開設して
いる。この開設のきっかけは九州にリハビリテーション専門病院がないことを
感じたためと記載がある。同年に柳川リハビリテーション学院（理学療法士，
作業療法士養成専門学校），看護専門学校（看護師養成専門学校）を開校して

3　日野原重明・高木邦格『よみがえれ，日本の医療』2003　中央公論新社

いる。これは，コ・メディカル分野のスタッフ不足を痛感し，教育の必要性を感じたためであり，コメディカルスタッフの量と質を確保したことが，医療法人の発展に大きく寄与していると記載がある。

　同年に栃木県に老人保健施設マロニエ苑（入所定員200人）を開設している。これは，栃木県の地元からの勧誘によるものであった。このマロニエ苑の開設が前述の国際医療大学開学のきっかけとなる。

　1993年に老人保健施設「水郷苑」（入所定員100人）を開設している。

　1994年に栃木県に特別養護老人ホーム「栃の実荘」（入所定員100人）を開設している。

　1995年に国際医療福祉大学を開学している。大学設立の目的について高木（2003）は[4]「ひとつには真の意味でのチーム医療を実践するための，医師以外の専門職の地位向上です。ふたつには，福祉と医療の融合―介護保険は実施された時期で，これからはもう医療だけではとても立ち行かないということで，医療福祉学科をつくり医療知識を持つ社会福祉の専門家を育成することにありました」。また「高木病院三十年史」には「日本ではじめての医療福祉の総合大学として，開学しました。この大学は医者以外の医療専門職を教育する高度で専門的な養成機関が，他国に比べて大変遅れていることから計画された保健医療総合大学構想に基づき設立されたものです」と記載がある。

　これらの記述からコメディカルスタッフの養成とコメディカルスタッフの地位向上と福祉と医療の融合が目的であったことが分かる。

　1996年に東京の山王病院（75床）の事業を承継している。高木（2003）は[5]「多数の著名人が利用するが，たまたま銀行から，山王の経営が不振なので，ぜひ理事長に就任してほしいという話がありました，引き受けたからには日本でプライベート・ホスピタルとしてのユニークな病院をつくろうと決意してやったわけです」と述べている。経営不振の病院を銀行の仲介によって承継した経緯がわかる。

　1996年に大川厚生病院（現みずま高邦会病院）（66床）開設している。

4　日野原重明・高木邦格『よみがえれ，日本の医療』2003　中央公論新社
5　日野原重明・高木邦格『よみがえれ，日本の医療』2003　中央公論新社

図表①-4　国際医療福祉大学組織図（2006年4月現在）

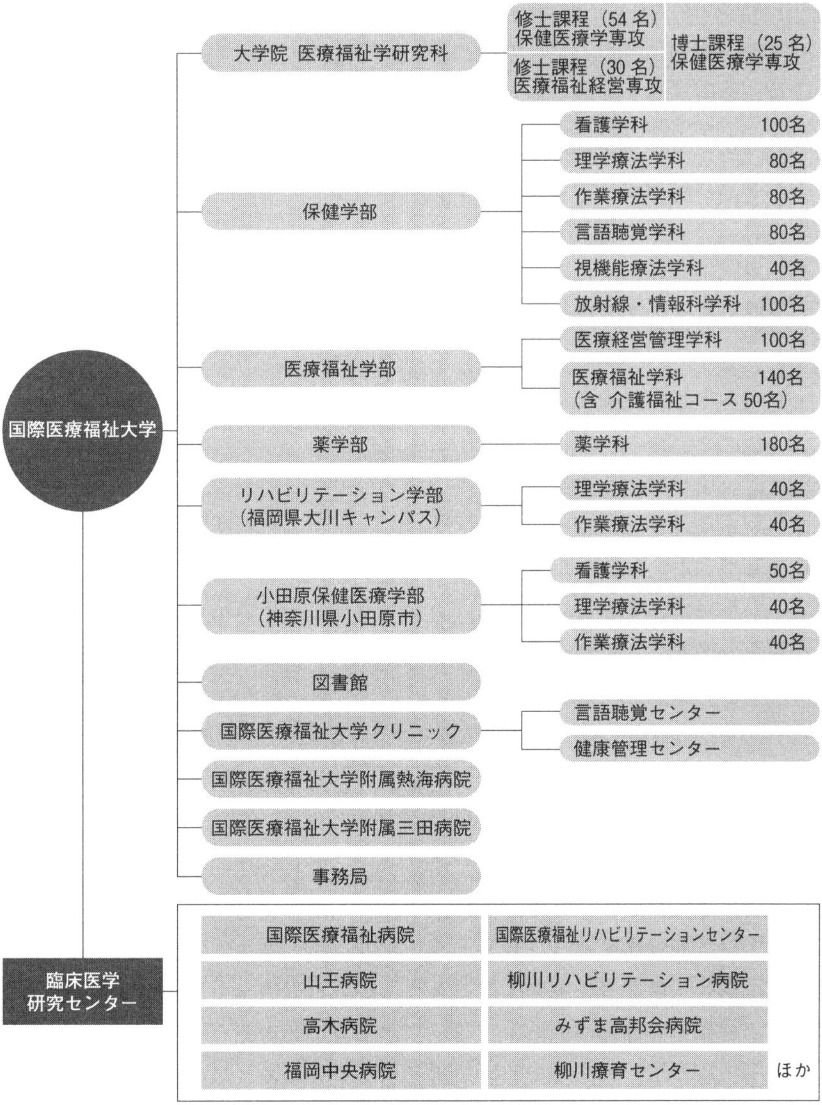

国際医療福祉大学	大学院 医療福祉学研究科	修士課程（54名）保健医療学専攻 / 博士課程（25名）保健医療学専攻 / 修士課程（30名）医療福祉経営専攻
	保健学部	看護学科 100名 / 理学療法学科 80名 / 作業療法学科 80名 / 言語聴覚学科 80名 / 視機能療法学科 40名 / 放射線・情報科学科 100名
	医療福祉学部	医療経営管理学科 100名 / 医療福祉学科 140名（含 介護福祉コース50名）
	薬学部	薬学科 180名
	リハビリテーション学部（福岡県大川キャンパス）	理学療法学科 40名 / 作業療法学科 40名
	小田原保健医療学部（神奈川県小田原市）	看護学科 50名 / 理学療法学科 40名 / 作業療法学科 40名
	図書館	
	国際医療福祉大学クリニック	言語聴覚センター / 健康管理センター
	国際医療福祉大学附属熱海病院	
	国際医療福祉大学附属三田病院	
	事務局	

臨床医学研究センター：国際医療福祉病院／国際医療福祉リハビリテーションセンター／山王病院／柳川リハビリテーション病院／高木病院／みずま高邦会病院／福岡中央病院／柳川療育センター　ほか

出所：「国際医療福祉大学十年史」p.42

1998 年に国際医療福祉病院（206 床）を開設している。

2000 年になす療育園，那須療護園，那須デイセンターを開設している。

2002 年に国際医療福祉大学熱海病院（265 床）開設。これはもともと陸軍病院であった国立熱海病院を承継したものである。

2003 年に福岡中央病院（199 床）を開設。

2005 年に国際医療福祉大学三田病院（291 床）を開設。これは日本たばこ産業株式会社の東京専売病院を承継したものである。同年に化学療法研究所附属病院（199 床）がグループ入りしている。

このように，介護施設を開設し，学校や病院を開設あるいは承継によって多角化を進めている理由を高木理事長は「高木病院三十年史」の中で以下のように述べている。学校設立については「病院経営の初期に直面した問題は，圧倒的な医師不足でした。その問題も少しずつ解決していくと，今度は看護師，理学療法士，作業療法士，放射線技師，薬剤師といったコ・メディカル分野のスタッフ不足が大きな課題となってきました。田舎の中小病院に遠くから就職してくれるようなスタッフがいないということで，思い切って自分の手で優秀なスタッフを育てようと考え，大川看護専門学校，柳川リハビリテーション学院を設立することにしました」。

また病院の開設については，「21 世紀の医療機関として存続するために，いくつかの医療の流れを考えますと，急性期と慢性期といった病院の機能分化が急務となってきていると思います。高木病院は急性期の医療機関として，柳川リハビリテーション病院は半ば福祉的側面をもつリハビリテーション専門病院として位置づけ，大川と柳川にまたがる整備と機能分化ができるかが今後の課題となります」と記載がある。

さらに，高木病院のパンフレットには「柳川リハビリテーション病院，みずま高邦会病院，そして介護老人保健施設水郷苑とも連携をしながら，来るべき超高齢化社会を視野にいれた慢性期医療や療養型医療にも，より積極的に取り組んでまいりたいと思います」と記載があり，急性期医療を行う高木病院から回復期医療を行う柳川リハビリテーション病院，さらに慢性期医療を行うみずま高邦会病院，介護を行う介護老人保健施設への「川下への垂直統合」が図られていると見ることが出来る。

　一方，大学付属病院を中心に広域に病院を承継・開設していることについて高木理事長は，「病院経営というのは大変ですから，大学経営で授業料をある程度確保できれば，附属病院などつくらないほうが経営的に安定だという意見が強くありました。いま，4,000人近い学生が学んでおりますが，最大の問題は，質のいい教育を行うためには，やはり質のいい実習が必要ということです。（中略）私どもとしては，マサーチュセッツ・ゼネラル・ホスピタル・グループのような，大学を中心として10前後の質の高い医療機関の連合体がぶら下がっているような，そのようなものを目指しているところです」と述べており，国際医療福祉大学を中心とした医療機関のグループによる多角化を目指していることを述べている。

　また高木理事長は他の取材で[6]，全国に病院チェーンを作ると言う考えはないかに対して，「それは無理だしもともと興味がない。規模を拡大させて荒っぽい経営をすると医療の質が低下し，その結果収益も減るだろう。われわれは同質で大規模なフランチャイズ展開ではなく，米MGHグループ（マサーチューセッツ ゼネラルホスピタルグループ）のような，大学の教育・研究を中核として，質の高い医療機関がぶら下がりながら連携することで，あらゆる医療福祉のニーズに最高のレベルで応えられるグループを目指している。」と述べている。

　さらに年々拡大することについて，高木病院三十年史で「年々事業が拡大してきたためにどうしても日々の業務に追われがちですが，業務のマニュアル化，人事研修等が疎かになってはグループの今後の発展はありません」と述べている。

　2016年4月に千葉県成田市に「成田看護学部／看護学科」「成田保健医療学部／理学療法学科・作業療法学科・言語聴覚学科・医学検査学科」を開設している。そして，2017年4月に国家戦略特別区域として医学部新設が予定している。

　さらに2018年4月に東京赤坂キャンパスで赤坂心理・医療福祉マネジメント学部を旧赤坂小学校跡地に開設しており，キャンパスの規模も拡大して

6　週刊『東洋経済』「大手病院グループ経営者が激白」2006.10.28

いる。

事例②

聖路加国際病院 組織の発展

1. 聖路加国際病院の概要

　聖路加国際病院は1902年に開院し100年以上の歴史を有する病院である。病院は開院以来東京都中央区明石町に立地している。病院建物は地下2階・地上11階建，病床数520床，1日平均外来患者数約2,700人，職員は医師467人，看護師968人，職員合計約2,150人の病院組織である[1]。

　聖路加国際病院の理念は，「キリスト教の愛の心が人の悩みを救うために働けば苦しみは消えてその人は生まれ変わったようになる。この偉大な愛の力はだれもがすぐわかるように計画されてできた生きた有機体がこの病院である」でありこの理念は病院職員に深く浸透し行動規範となっている。

　聖路加国際病院は小さな診療所からスタートし，関東大震災による倒壊，第二次大戦の戦禍，米軍の接収，接収解除を経て数度の病院建替えによって規模の拡大を図って来た歴史を有する。開設以来現在の病院所在地に立地し地理的拡大による病院増設・病院買収，垂直統合による介護分野進出等は行なわずに単一病院組織として規模の拡大を図ってきた病院である。

　聖路加国際病院の組織デザインは開院後数年間の単一組織から早い段階で職能別組織に移行し，100年近く職能別組織であった後に最近になって事業部制組織に移行し，さらに近年大学の附属病院となっている。また組織のライフサイクルでは開院時の起業家段階から共同化段階を経たのち次の公式化段階に移行するが，戦後の米軍接収により企業家段階・共同化段階に戻った後に公式化

1　聖路加国際病院ウェブサイトの記載内容による

段階を経て現在の精緻化段階に移行している。

2. 聖路加国際病院の歴史

聖路加国際病院開設の発端

　聖路加病院設立者ルドルフ・ボリング・トイスラー（以下トイスラー）が米国聖公会より日本に派遣されて聖路加国際病院を開設した経緯は，C・Mウィリアムズ（立教大学創設者）による聖公会の日本宣教綱領が基になっている。トイスラー来日以前に，5人の宣教医師が日本に派遣されたが，何れも病院開設までには至らず短期間で離日している。

　トイスラーは，義兄から東京に宣教医師が行かないため病院が開業出来ないという話を聞き，聖公会本部へ宣教医師として東京に行きたい旨志願し，1900年2月に来日している。

開院から病院増築まで　病床数0床～70床（1902年～1913年）

　1902年2月に聖路加病院は前身の築地病院を改称して開設された。1901年の開院広告には『築地聖路加病院　院長　外科・婦人科ドクトル・トイスラー，内科小児科ドクトル川瀬元九郎，ドクトル・マクドナルド，眼科耳鼻科蒔田庭二郎，ドクトル・ホイットニー，診療時間午前9時より同12時まで，但し当直医員診察随時』と記載がある。このことから当初は6診療科で医師5人が診察していたことが分かる。その後，荒木看護婦を看護婦長に迎え，ドクトル・スクリュパを外科医長に迎え手術室の設備を新しく整え，特別病室を設けた。その後に東京大学教授ベルツも顧問となっている。

　1903年に別館が完成し，手術室，消毒室，個室3室，治療室4室，薬局が増設された。診療時間は毎朝8時30分～12時30分であった。

　1904年に聖路加看護婦学校が発足している。生徒は8名で，荒木看護婦長により系統だった看護教育が行われた。米国風の看護教育によって2年間は看護理論，実習は外部の病院で行っていた。

　1905年には病院の基礎と内外の信用も固まり，患者数は増加した，そのた

図表②-1　発足時の聖路加病院の組織図

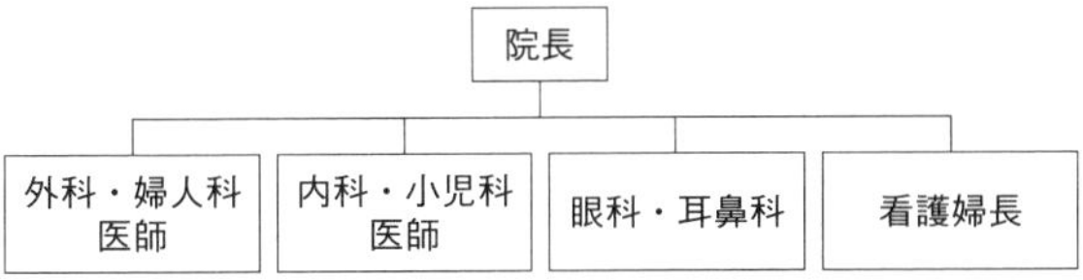

出所：「聖路加国際病院の100年」p.71 記載内容を基に筆者作成

め病院建物は狭隘と感じられたようである。その頃東京で万国博覧会の開催の計画があり，欧米人向けの大規模病院建設プランがあった。結局万国博覧会は中止になったが，大病院建設プランはそのまま継続した。この万国博覧会開催計画は坂井徳太郎がトイスラーに伝えている。坂井徳太郎は立教出身でハーバード大学留学の後，日露戦争に際して渡米した経歴を持ち，その後外務大臣秘書官を務めたことから，トイスラーを政府要人に紹介することに尽力している。

　1911年に明治天皇からの花輪と褒状が届けられている。この年は病院創設10周年に当たり，記念祝賀会を開催している。この頃は医師7名，看護師20名の陣容で診療を行っていた。

　1912年に新病院建設計画の後援会が発足，メンバーは大隈重信，渋沢栄一，桂太郎等であり，初代会長に大隈重信，幹事に坂井徳太郎が就任している。

　1913年には，大隈重信首相が閣僚，政府高官，学者，実業家を招き聖路加病院に対する最も有効な援助方法を検討し，その結果，評議員組織が発足した。会長に大隈重信，副会長に後藤新平，渋沢栄一，坂井徳太郎，坂井芳郎が就任した。大正天皇より5万円の下賜金があり，やがて三井家・岩崎家から各5万円，その他朝野の有志より10万円の寄付があった。この頃に病院建物を増改築し，増築後4階建ての70床の病院となり，診療科目は，内科，外科，産婦人科，皮膚科，泌尿器科，耳鼻科，眼科，歯科，X線科を擁していた。

　1902年に医師5人の6診療科で開院しその後内外の寄付金等によって増改築を行い70床の規模まで拡大している。病院の基盤拡大に向けて著名医師の招聘を行い，政府要人への働きかけを行っていた時期である。

病院増築後からトイスラーの死去まで（1914年〜1934年）病床数70床〜 475床

　1914年に大隈重信総理の提案で病院設立計画評議会が設立して初代会長に 大隈重信，副会長に渋沢栄一が就任した。1917年に募金活動が完了している。 この年4月に聖路加病院から聖路加国際病院に名前が変更する。

　1923年に関東大震災で病院施設の全てが破壊され，天幕病院（米国政府医 療庁野戦病院（225床））で診療が行われた。この頃の職員はアメリカ人10名 うち医師3名，日本人64名うち医師16名であった。

　1924年に急増したバラック病院（50床）が使用できるようになったので天 幕病院から入院患者を移している。同年に米国聖公会本部は築地の所有地全部 を聖路加国際病院用地とすることを決議し仮病院も使用できるようになり，天 幕病院は撤去されることになった。その後火災のため仮病院の2/3が焼失する が，改修工事後診療を再開する。この当時，内科10名，外科6名，産婦人科 7名，皮膚科2名，耳鼻咽喉科3名，小児科7名，眼科3名，歯科3名の医師 が在籍し，日本人従業員は219名，2〜3人の外国人医師も在籍していた。こ の当時の事務室には，事務長，会計，庶務（統計），受付，院長秘書，社会事 業部，栄養士，受付等の役割分担が記録されている。

　1925年に産院建物が完成し，築地産院となり，本院内の産院と乳児院は新 築病院に移転した。病院の目指す事業として「患者に高いスタンダードの治療 をする事。看護婦の教育訓練。若い医師の学校卒業者の教育。家庭訪問して医 療とその知識を与える社会奉仕。学校衛生へ参加。病院のスタッフの仕事のよ き連絡即ちチームワークを行う施設なり」とホスピタルセンターを目指してい

図表②-2　1917年頃の聖路加国際病院の組織図

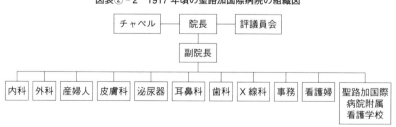

出所：「聖路加国際病院の100年」p.79記載内容を基に筆者作成

る記載がある。後年の聖路加国際病院の事業ドメインはこの当時に固まった模様である。

　1933 年に中間幹部の専横による待遇改善の要求が出ており，中間搾取，食料改善等 9 か条の要望書が院長宛に提出されている。同年 6 月に聖路加国際病院本館が完成，奉献式の後，開院式が挙行される。入院患者病床は新旧併せて 475 床であった。標榜診療科は産婦人科，内科，外科，眼科，皮膚科・泌尿器科，小児科，耳鼻咽喉科，レントゲン科，歯科があった。当時既に管理部門としての事務部門は確立されていたようである。

　1934 年 8 月にトイスラーは聖路加国際病院に入院後，冠状動脈血栓症で死亡した。そして久保徳太郎副院長が第二代院長に就任した。

　トイスラーは，度々の災害にもめげず，国際性と創造性を発揮して病院建設の目的を持って，資金募集に奔走し，渡米することも度々であった。日野原重明（2003）は，「トイスラー先生は，自分よりも年上の日本人の医師で，奉仕

図表②-3　1933 年当時の聖路加国際病院組織図

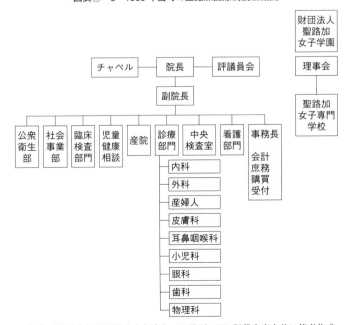

出所：「聖路加国際病院八十年史」p.24 及び p.233 記載内容を基に筆者作成

の精神のある医者に，上手に働いてもらって，病院づくりの将来の夢を実現さ
せるには，どれぐらいの経済力と，どのように人を集めればよいかをプランニ
ングされた。（中略）医術の方は二十歳代であまりできなかったけれども，企
画をすることに秀でていました」と，トイスラーの起業家としての特性を述べ
ている。

　1914年から1934年までの期間は，関東大震災後の復興から病院本館建設ま
での期間であり成長のペースが速く，職員は組織ミッションに取り組んでい
る。病院の事業ドメインも確立されている。トイスラー院長と久保副院長，荒
木看護婦長は病院の3本柱と称され基盤つくりに大いに貢献したと記載があ
る。組織構造はいくつかの実務手続きが現れている。処遇改善の要求が出てお
りより多くの裁量を求めるようになっている。

　そして開設者トイスラー院長の死去により組織は次の段階に移行する。

トイスラー死去後から米軍の病院接収前まで（1935年〜1945年）病床数475床

　1935年8月に病院組織を変更して財団法人の創設が決議される。そして財
団法人設立許可申請を行い，1936年10月に財団法人聖路加国際メディカル・
センター設立の認可を取得し，総長にはビンステッド主教が就任した。勤務規
定等は法人設立認可2ヵ月後に制定されている。

　1936年度の患者数等は1日平均外来患者数420人，1日平均入院患者数216
人である。一方職員は医師72人，看護師141人，事務職53人，薬局9人，社
会事業部7人，試験室13人，一般雇用人139人，医療技術員8人，技術部員
79人，チャプレン2人，計523人であった。（1936年12月31日）

　1939年4月から「財団法人聖路加国際メディカル・センター庶務会計規定」
「財団法人聖路加国際メディカル・センター医員退職金給与規定」が施行され
る。この2つの規定は最初の公式成文内部規定であり，業務基準はその後も業
務実態として引継がれている。「財団法人聖路加国際メディカル・センター庶
務会計規定」には今日の「就業規則」「分掌規定」「事務業務基準」が全て網羅
されている他，内部監査制度と内部牽制制度も規定されており，1939年当時
にこのような制度を設けていることは高く評価されている。同年，理事会が開
催され，「財団法人聖路加国際メディカル・センター庶務会計規定」に従って，

図表②-4　1939年の聖路加国際病院の組織図

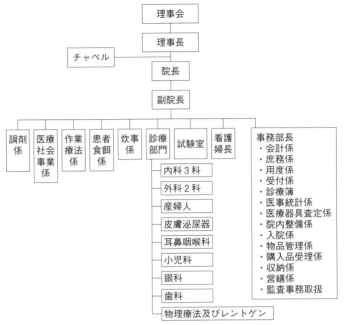

出所：「聖路加国際病院八十年史」p.29記載内容を基に筆者作成

4月1日付けで次のような組織の任命が行われている。

〈診療部組織〉

副院長，第一内科長，第二内科長，第三内科長，小児科長，第一外科長，第二外科長，産婦人科長，皮膚泌尿器科長，眼科長，耳鼻咽喉科長，歯科長，物理療法及びレントゲン科長，看護婦長

〈管理部門等組織〉

患者食餌係長，医療社会事業係長，診療簿医事統計図書係長，医療器具査定係長，監査事務取扱係長，受付係長，院内整備係長，炊事係長，営繕係長，物品保管係兼購入品受理係長，作業療法係長，調剤係長，職員保健伝染病舎係長，入院係長，会計係長，用度係長，庶務係長，用度主任

1940年当時の職員数は医師72名，コメディカル8名，看護婦151名，薬局12名，医療社会事業部10名，試験室17名，事務職50名，雇傭員252名，

チャプレン 2 名の計 574 名であった。

　1942 年 1 月に医療営団が聖路加国際病院を接収するという問題が起こる。接収を免れるため医科大学付属病院にすることを計画し，5 月に立教大学と聖路加国際病院の合併を厚生大臣に申請したが，11 月に不許可の回答があった。これまで立教大学と聖路加国際病院の両法人理事会で数回話し合われたことはここで打ち切りとなった[2]。

　1943 年 6 月に法人名を大東亜医道院，病院名を大東亜中央病院に変更している。併せて理事も 5 名増員して 12 名で構成することになった。第二次大戦後の 1945 年 9 月の理事会で名称変更を決議し財団名財団法人聖路加国際病院，病院名聖路加国際病院に名称を戻すことになった。

　1935 年から 1945 年までの期間は，日中戦争から第二次大戦終戦までの時期に当たり，病院組織運営も当局との折衝等が重要な時期に当たっている。開設者トイスラーの死去後，財団法人設立の認可取得と庶務会計規定制定により組織運営は大きく変更している。

米軍の病院接収から接収解除（1945 年〜1956 年）病床数 24 床〜140 床

　1945 年 9 月に米軍に病院建物は接収され，「米軍第 42 陸軍病院」となる。接収と同時に全従業員は解雇となり退職手当が支給された。病院は築地の明石町 14 番地の都立整形外科病院を借りて 11 月より診療業務を継続した。この病院は病床 24 床で，2 階建，病室 15 室，手術室，準備室等の設備を備えていた。病院職員は医師 14 名，看護師 23 名，薬局 2 名，厚生課 1 名，X 線科 1 名，試験室 2 名，事務職 15 名，労務 12 名，チャップレン 1 名　計 71 名であった。診療科は内科，小児科，外科，産婦人科，耳鼻科，皮膚科，眼科，歯科で構成された。事務組織は事務部長，庶務課長，会計課長，営繕課長，用度課長，業務課主任等が配置されていた。病院が小規模であったため，全職員が一致協力しやすく家族的な信頼を増し，物資の不足にも耐えて病院の仕事に精励した。仮病院は規模も小さく建物も不完全であったが，従来の病院機能を圧縮し全ての機能は維持しており，余力を院外の医療活動に振り向けていた。

2　「立教大学の歴史」には，この当時の立教大学総長が責任を取り辞任したと記載がある。

1946年3月に東京都立築地産院の病院管理を正式に委託される。5月に立教大学学生向けの医務室を開設し，医師と看護師が週1回往診に来ていた。この医務室は診療所に改称して今日の立教大学診療所となっている。立教女学院，三菱銀行，駐留軍東京PXにも医務室を開設し，清里聖路加診療所も開設された。

1951年1月現在の従業員数は医師36人（院長1名，医長11名，副医長4名，医幹6名），助手3名，医療補助者34名（薬局6名，X光線科3名，試験室6名，医療社会事業部3名，オーダリー1名，マッサージ1名，業務課1名）看護婦38名，事務職18名，労務30名，チャプレン1名　計157名である。

1953年に旧館建物が米軍の接収解除により返還される。病院は140床で内科，外科，小児科，産婦人科，結核の5病棟に区分された。各病棟に看護婦，勤務医員が配置された。9月の管理協議会で「事務分掌」と事務職の責任者の任命が行われている。事務部は6課7係あり，庶務課，会計課，業務課，給食

図表②-5　1947年の聖路加国際病院の組織図

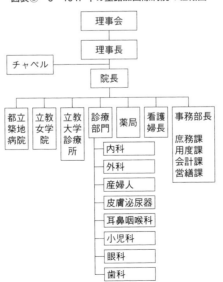

出所：「聖路加国際病院八十年史」p.126記載内容を基に筆者作成

課, 用度課（購買係, 供給係, 倉庫係）営繕課（建築係, 工作係, 電気係）入院係, ホステス, 院内整備係, リネン裁縫係, 洗濯係, 汽缶係があり, 各責任者が任命されている。

　1954年に病院管理組織を改め, 中央管理方式, 病棟専属医制度を採用する。事務部でも業務課が医事課となり, 医事課は入院係, 受付係, 現金収納係, 診療記録係, 健保係によって構成された。有料の人間ドックが2床で開始される。

　1956年5月に本館建物が返還される。病床数296床とする。この頃の事務職は16課が組織されている。医療事務課, 院内整備課, リネン裁縫課, 洗濯課, 給食課, 汽缶課, 営繕課, 会計課, 用度課, 検収課, 倉庫課, 庶務課, 広報課, 写真課, 電話昇降機課, 秘書課である。この時期に組織拡充を図ったため課長不在あるいは兼任が多く見られた。11月に旧都立病院（聖路加仮病院）を東京都に返還する。

　1945年の米軍による病院接収と同時に職員は一旦解雇になった後, 24床の病院で一部の職員によって病院は継続されている。この時期に立教大学を始めとする診療所運営を手掛けている。

米軍の病院接収解除後から新病院建設開設前（1957年〜1991年）病床数296床〜520床

　1960年に東京都より外来棟建築許可証が交付され, 本格的増築工事着工する。病院設立60周年記念式典と日米修好通商100年記念祝賀パーティーが開催される。

　1961年新外来病棟完成36床増床し計368床になる。1964年に聖路加看護大学が設立し橋本院長が学長に就任する。

　1967年に聖路加国際病院労働組合結成　聖路加互助会が組織化される。1970年頃より人件費・経費負担から慢性的な赤字状態になる。

　1979年に理事会正式承認前に第3街区賃貸契約の「覚書」を締結したため, その後の院内と契約先T社との紛争原因となり職員間で理事長の対処が問題とされる。その後菅原院長を委員長とする「病院再生委員会」発足。外来業務改善, 増床検討, 収益状況の改善に取り組むこととなった。

1980年に病院の将来を展望する長期計画委員会が発足する。一方「覚書」問題処理などから，医長会を中心とする院内組織による「聖路加国際病院を守る会」が発足し　大会が開催される。福島理事長が辞任し，水上達三理事長就任，菅原虎彦院長が辞任し野辺地篤郎院長が就任した。病院再生委員会を再組織化し新病院建設準備協議会が発足する。

1981年に病院付属高等看護学院は専修学校制度により聖路加国際病院付属看護専門学校となる。新病院建設準備協議会の新病院建設具体案の中間報告による将来像，国際病院，教育病院，コミュニティ病院，救急医療，予防医学実践のジェネラルコンセプトに基づく高水準医療と教育を行う「聖ルカメディカルセンター」という概念でとらえ，病床数を500〜600床と結論を出した。

1982年長期経営委員会は財政黒字化に伴い一旦解消し，病院看護大学建設合同委員会を設置，新病院建設準備協議会は新病院建設委員会に再編される。MPA社と契約し，新病院のプラン作りを開始する。

1983年に第2次長期計画委員会が病院近代化構想を進める目的で発足する。経営合理化の一環で付属看護専門学校の廃校が理事会で決定する。

1985年に業務改善委員会主導の下，TQCサークルが推進され第1回業務改善事例報告会が開催される。第1，第2，第3街区の活用方法が了承される。

1986年に医師部門に管理体制を明確化するため部長制導入する。内科部長，外科部長，小児科部長，産婦人科部長，脳神経外科部長，泌尿器部長，整形外科部長，眼科部長，耳鼻咽喉科部長，皮膚科部長，放射線科部長，臨床病理部長，理学診療部長，胸部外科部長，胸部外科医長，麻酔科医長が発令された。定年は男女共に65歳となった。

1989年に新病院建設の起工式開催。医薬分業移行（院外処方の実施），医業収入の初の前年比減収（マイナス4億円）一方人件費の前年比プラス3億円により人件費率60%以上になる。1990年には財団の事業規模拡大により財団全体を統括する事務局を設置する。試験研究法人設立，研修医・看護師の卒後研修制度の充実，新人事制度の導入。職能資格制度が導入された。

1956年から1991年までの期間は，米軍接収解除から新病院建設までの期間に当たっている。聖路加国際病院では1980年代以降，医師等から組織のあり方を巡る要求が出ている他，TQC導入などを図っているなど官僚制の危機を

乗り越えるための様々な活動が行われている。

新病院建設以降（1992 年～）病床数 520 床

　1992 年に新病院が開院する。病床数 520 床，総建築費用 378 億円，地上 10 階建地下 2 階である。岩下一彦院長が辞任し，日野原重明常務理事が院長就任，副院長に看護部長を任命する。収益改善に向け，室料差額の見直し，部門別採算性の見直し，健診内科の充実を図った。病院立上後にはさまざまな問題が発生する。看護師数不足により病棟フルオープンできず，稼働率も 60％台に留まる。オペレーションの不備，システム不備等が発生。意思決定に稟議制度を導入する。人員雇用と 20 万以上の新規物品購入が院長決定となる。決定事項伝達方式の明確化「業務通達」「手続通達」「報知」3 種による通達発行手続き。経理規定試案策定。

　1993 年に病棟をフルオープンする。委託契約，費用等の見直しによる収益の 3 億円の改善を図るが約 11 億円の赤字を計上する。財団資産管理のための管理課が設けられる。病院経営比較検討会が開始される。

　1995 年に寄附行為の変更により第 4 条「事業」を「聖路加国際病院並附属看護専門学校及ビ之ニ必要ナル事業」から次のような「医師，看護婦及び医療技術者に対する啓発指導事業，臨床医学向上のための人材交流の促進事業，医療及び保健指導に関連する教育事業，その他この法人の目的を達成するために必要な事業」に改められた。総合企画部が設立される。これは組織簡素化の観点より事務局長 - 事務長の二重構造の非効率面解消を目的としたためである。

　1996 年に日野原重明院長が院長を退任し理事長に就任。財団法人聖ルカ・ライフサイエンス研究所設立。年頭目標に病院事務機構の再編成を掲げて 9 月に実施し，事務部門 16 部署を 10 に統合し，組織の簡素化と指揮・管理体制の明確化が図られた。人事制度の見直しも行われ課（科）長，補佐，係長，主任，班長の 5 段階の役職はマネジャー，チーフの 2 種に統一した。併せて，職位者は管理・監督者であるとの観点から必ず部下のマネージングを行うこととなった。そのため役職者数がコメディカル部門で 35 人から 21 人，薬剤部で 5 人から 3 人，事務部門では 58 人から 27 人に大幅に減少した。組織変更により，① 医師部門② 看護部門③ コメディカル部門④ 薬剤部門⑤ 事務部門の 5

部門の組織となった。

　1997年予防医学センター（人間ドック），腎センター（透析）が稼動開始。予防医学センターの営業強化のため総務課マネジャーが予防医学センター営業統括に異動する。救急医療センター開設，救急ICU8床，救急HCU12床の規模で開設。日本医療機能評価機構の審査を受け認定される。事務部門の組織再編，企画情報課を企画と情報システム課に分解，情報システム課が開発に専念できる体制構築。ドック事務課と予防医学センターを統合して予防医療事務課とした。

　1998年に新経理事務規定が正式に制定され，会計監査基準の明確化，会計業務のマニュアル化が可能となった。1999年経理業務の見直しを図り，日常の窓口業務，支払い業務，物品調達方法，治験関係業務の見直しを図った。特に物品調達業務は内部牽制制度を強化するため，物品管理センターの係りを見直した。

　2000年に人事評価制度の精度引き上げにより，医師職の評価に当って課業の洗い出し作業を行い，部長職による面接と評価を実施した。昇格試験の選考・評価システムを構築し，通信教育とCS研修，レポート提出を義務付け，昇格の確定を図ることにした。

　2001年にハートセンターの開設により循環器内科と心臓血管外科の外来機能の一体化を図った。生殖医療センターを開設し，不妊治療の体制を整えた。少子化，高齢出産が増える中，この医療ニーズの応えることは目指すべき方向である。

　2004年には付属クリニック・予防医学センターと聖路加国際病院の事業に分類され事業部制移行の萌芽が見られるようになっている。

　2005年の段階で効率的組織運営のため事業部制組織に移行している。事業部は付属クリニック・予防医学センター，聖路加国際病院，教育・研究センター，訪問看護ステーション，診療情報センターの4つの事業部に分かれ，サポート部門として診療情報センター，事業管理部も独立するようになっている。聖路加国際病院が事業部制を導入したのは，組織の肥大によって迅速な意思決定が出来なくなったことから事業部制を導入し分権化を図ったためである。

図表②-6　2002年の聖路加国際病院組織図

出所：「聖路加国際病院の100年」p.255

　2014年に聖路加国際病院を含む医療関連施設の譲渡により学校法人聖路加国際大学付属病院となった。

図表②-7　2007年の聖路加国際病院の組織

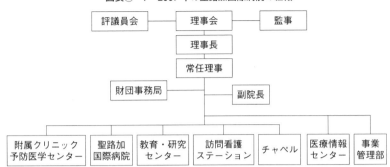

出所：「病院戦略を考える聖路加国際病院の事例を交えて」p.8

図表②-8　2014年　学校法人聖路加国際大学の組織図

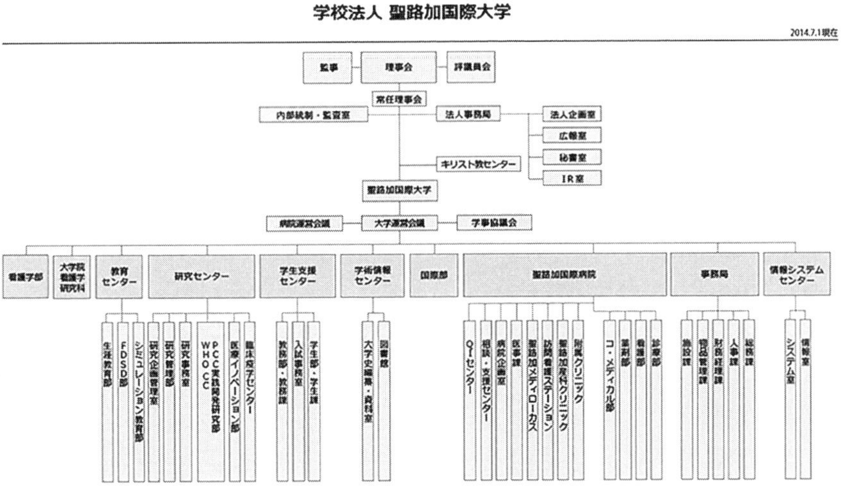

学校法人 聖路加国際大学

2014.7.1現在

出所：学校法人聖路加国際大学ウェブサイト

3. 組織の発展段階のまとめ

　聖路加国際病院の 100 年余りの病院史は以下である。聖路加国際病院の組織デザインは，トイスラー他の医師がごく少数の診療チームから始まり，増床に伴う規模拡大によって他の病院に比べてかなり早い段階で職能別組織に移行している。これは聖公会が設立母体にあること等により米国式の病院経営を取り入れ看護部・事務部門が早い段階で確立したことが背景にある。

　その後関東大震災，第二次大戦の戦禍の後，米軍による接収・返還と激しく転換する過程を経たにも関わらず 100 年近く職能別組織を堅持している。1920年代に病院管理を修学した米国人を事務長として組織運営体制の整備に取り掛かりその後 1939 年に庶務会計規定を制定し組織の任命を行うなど病院管理体制が整備されており，後に厚生省病院管理研修所のモデル病院に指定されている。このように職能別組織において病院管理体制がうまく構築されたこと，病院増設・病院買収等を行わなかったことから職能別組織は 100 年近くも堅持されることとなった。

　その後，事業部制組織に移行している。事業部制組織の移行は組織の肥大によって迅速な意思決定が出来なくなったことから分権化を図ったためである。さらに 2014 年に聖路加国際大学の付属施設となっている。

　1902 年にトイスラー他数名で開院された聖路加国際病院は今日では病院規模 520 床，従業員約 2,500 人の大規模病院になるまで発展している。

　聖路加国際病院は開院直後のトイスラー院長のリーダーシップにより当時のわが国の政財界の有力者への働きかけ，当時の医学会有力者の招請によって内外の知名度向上に努めた他，米国から病院管理手腕に長けた人物を帯同して管理体制固めに注力している。

　聖路加国際病院のミッションは全人医療，患者中心の医療と看護である。そして聖路加国際病院の他の病院と異なる特色として，医師に学閥のないこと，チーム医療，フラットな組織等が上げられる。このような特色を背景に開院から 100 年以上を経て常に有力病院の地位を堅持することが出来たものと思われる。

　聖路加国際病院は他の病院チェーンのような地理的拡大や介護分野への垂直統合は行っていない。これは聖路加国際病院の理念の「キリスト教の愛の心が人の悩みを救うために働けば苦しみは消えてその人は生まれ変わったようになる。この偉大な愛の力はだれもがすぐわかるように計画されてできた生きた有機体がこの病院である」と言う考えが深く職員に浸透していることが背景にある。そして，事業ドメインとして「患者に高いスタンダードの治療をする事。看護婦の教育訓練。若い医師の学校卒業者の教育。病院のスタッフのチームワークを行う施設」と定義されていることが背景にあるためである。

事例③

社会医療法人財団 慈泉会 相澤病院 組織の発展

1. 相澤病院の概要

　長野県松本市に所在する社会医療法人財団慈泉会相澤病院は，1908 年（明治 41 年）に開院した相澤医院から今日まで 100 年以上の歴史を有して，長野県松本市の地域医療の貢献してきた病院である。

　2008 年に発行した「相澤病院創業 100 周年記念誌 夢と感動と輝きに満ちた相澤病院の軌跡」によれば，開設以来 100 年の歴史を，創業期（1908 年〜1951 年），開化期（1952 年〜1974 年），成長期（1975 年〜1993 年），第 2 創業期（1994 年〜2001 年），飛躍期（2002 年〜2008 年）に分けている。当院とその経営母体である医療法人の運営は，創業初代の相澤曽兵衛院長・理事長，その長男で 2 代目の相澤正樹院長・理事長，3 代目の創業者次男の前田恒雄院長・理事長，4 代目の相澤孝夫理事長まで，創業家である相澤一族により行われている。

　同誌には，現在の相澤孝夫理事長が一世紀にわたって病院が継続・発展してきた原動力を次のように述べている[1]。

　第一に，あくなく医療への情熱を持ち続け，時代の要請や地域の状況に応じて必要とされる医療を提供するという理想を掲げた誠実な努力によって強い集団組織が自然発生的に作り上げられたこと

　第二に，病院が医療を完結しようとする抱え込みの医療を行わずに，医療における謙虚に自らの限界を意識して他の医療機関の協力を得て地域医療を展開

1　「相澤病院創業 100 周年記念誌」pp.9-10

したことで，診療圏を狭小化せずに常に拡大の方向に向けていったことと，医療環境の変化に柔軟に対処できたことと，

第三に，病院にかかわっている方々の厳しくも暖かい叱咤激励と病院の持っている天運によって，乗り越えられそうもない障壁さえも乗り越え，今日までわが道を進むことができた。

これは，組織理論の観点から見ると，組織構成員の組織への貢献意欲が強かったこと，組織間関係理論として不足する経営資源を他組織に依存することで協調戦略が採られたこと，組織の発展段階における危機を乗り越えることで発展してきたものと捉えることができる。

2.　相澤病院の組織発展

ここでは，社会医療法人財団慈泉会と相澤病院の組織の発展段階を，同誌記載の創業期（1908 年～1951 年），開化期（1952 年～1974 年），成長期（1975 年～1993 年），第 2 創業期（1994 年～2001 年），飛躍期（2002 年～2008 年），それ以後の期間の 6 期間に分けて検証を試みる。

創業期（1908 年～1951 年）相澤医院の開設から病院への移行期

相澤医院は，1908 年 1 月に松本市内で茶，砂糖を取り扱っていた遠長商店の山岸長三郎の離れを借りて医院を開設したことから始まる。開設者の相澤曽兵衛医師は長野県南小谷村長であった父の死去後に，山岸長三郎氏の援助を受けて千葉医学専門学校（現千葉大学医学部）で学び卒業後に医院を開設している。開業後の業績は順調に推移したようである。

1914 年に近隣の土地を購入し 2 年後に 2 階建ての医院を建設し，1918 年には相澤曽兵衛院長の弟が歯科医師になり，同医院は，1 階は医院，2 階は歯科医院として松本市内で確固たる地位を固めていったようである。当時の患者は大八車や戸板に乗せられて来院しており，松本曽兵衛院長は，夜中でもどこへでも往診していた。この時期の医院の医師は曽兵衛院長 1 人であり，内科が専門でも状況によっては外科手術を行い産科，小児科もこなしていた。看護婦は

住み込みで数人が勤務し，院長の奥さんが看護婦長兼事務長的な役割として，看護，薬の調合，窓口対応会計をこなしていたと記載がある。

　1915 年　長男の正樹（二代目），1921 年　次男の恒夫（三代目）が誕生している。1925 年から 1933 年と 1937 年から 1942 年に曽兵衛院長は松本市議会議員を務めている。さらに 1938 年から 1939 年と 1947 年から 1949 年に松本市医師会長を務めている。

　1945 年に東京慈恵医科大学を卒業後に軍医として満州国に赴任していた相澤正樹医師が復員し，松本市医師会に入会して相澤医院の医師として曽兵衛院長と共に忙しい診療の日々を送っていた。1949 年に曽兵衛院長妻女のい津美が亡くなり，曽兵衛院長も体調を崩しがちになり，療養のため東京での暮らしが長くなっていたようである。

　1951 年に，これまで個人医院であった相澤医院を法人に改組して医療法人財団慈泉会となっている。尚，法人名の慈泉会は，曽兵衛院長妻女の故い津美の戒名「慈泉院智覚恵光清大姉」に由来している。

開化期（1952 年～1974 年）相澤病院開院（25 床）から相澤中央病院（203 床）増床まで

　1952 年に，医療法人財団慈泉会相澤病院 25 床を開設している。医療法人の理事長と病院長は相澤曽兵衛医師である。相澤正樹医師は医師会活動に積極的に参加し，内科勉強会や看護師採用活動に注力していた他，病院内の一室を自分の部屋として泊まり込みでの診療の毎日であったと記載がある。その後病床数は 50 床に増床している。

　1957 年に，相澤正樹医師が二代目の医療法人理事長と病院長に就任している。

　1959 年に，前田恒夫医師（曽兵衛次男）が長野県飯田市の昭和伊南病院[2] から戻り，相澤病院副院長，外科部長に就任している。診療部門の強化を図り，入院外来患者の増加を見込んで病院隣地の土地を借りて 50 床から 60 床に増床している。

2　昭和伊南病院については本書 pp.179-194 頁を参照

　1962 年には，近隣の建物を買収して病室の改築と，病棟の増築等により病床を 60 床から 99 床に増床している。この年に創業者の相澤曽兵衛前理事長が逝去している。そして，1966 年に病床数 156 床に増床している。

　1967 年に，特定医療法人の認可がおりており，これは後の社会医療法人化することにつながっている。この年に山岳史に残る西穂高岳落雷事故の重症者 10 人を収容している。

　1968 年に，現在の相澤病院がある長野県繊維工業試験場跡地に，病床数 123 床の相澤中央病院を開設しており，その後 1971 年に相澤中央病院は病床数 203 床に増床している。

　1973 年には相澤病院の院長に前田恒夫医師（創業者相澤曽兵衛氏次男）が就任している。

成長期（1975 年から 1993 年）相澤病院（303 床〜422 床）

　1975 年に松本駅周辺土地区画整備事業に協力して，松本市本町 5 丁目の相澤病院の敷地を松本市に譲渡して，相澤中央病院に全機能を集約して両院を統合して新たな相澤病院（病床数 303 床）が発足している。理事長は相澤正樹医師であり病院長は前田恒夫医師であった。この年の 7 月に本館が完成し，1976 年に給食棟が完成し，1979 年に C 棟の完成，1981 年に看護婦寮と保育棟によって一応の完成を見ている。これらの大型投資が今日の相澤病院の礎となっていると捉えられる。

　1981 年に相澤正樹理事長が 65 歳で逝去している。その後，前田恒夫院長が法人の理事長に就任している。理事長就任直後に広報誌「すくすく」創刊号に載せた記事には，現状の医療業界のおかれた状況を述べたのちに，相澤病院がこれまでに救急医療，人工透析，脳神経外科の開設などで地域医療に貢献して来たことをさらに進めていくことと，医療の質の向上に努める必要性を述べ，患者につくすことが病院の発展に繋がることを職員に向けて述べている。相澤孝夫（相澤正樹長男，現理事長）医師はこの年に副院長に就任している。

　1988 年に，MRI，DSA 機器を導入し，放射線棟の増築工事を行い，体外衝撃波結石破壊装置による治療を開始している。1989 年に透析棟を増築している。

　1990年に病床数422床に増床している。この年に赤字に転落し，それから6期連続の赤字決算となり，創業以来の最大のピンチを迎えることとなったと記載がある。

　1991年には，看護婦の相次ぐ退職から看護婦不足により1病棟60床の閉鎖となり，医業収入は大幅に落ち込んでいる。この年に，相澤孝夫副院長が院内の対立意見を乗り越え，慈泉会理念を策定して，向かうべき方向を全員に表明している。そして10月1日を病院記念日と制定し第一回病院祭の開催，病院シンボルマーク制定，相澤健康センター設立などの改革を矢継ぎ早に行っている。

　病院理念策定の経緯は，相澤孝夫副院長は「やみくもに規模を拡大したため多忙な業務で看護師らの士気が低下してしまった」と反省し，同じように危機感を持つ経営幹部たちと課題を浮き彫りにして徹底的に論議を重ねて，病院の理念と進むべき方向性（ビジョン）を明確に打ち出す病院理念を発表している。

　病院理念
　1．私たちは，患者さんのためにまごころの医療サービスを提供します。
　2．私たちは，地域のみなさまから信頼される病院づくりに努めます。
　3．私たちは，常に良質な医療の提供ができるように心がけます。
　4．私たちは，皆様の健康増進，疾病予防のお役に立ちたいと願っております。

　さらに，相澤病院経営方針を発表している。経営方針は，わが国の医療政策の動向を述べたうえで，相澤病院の問題点を分析しており，経営資源を有効に使う必要があり，規模拡大をむやみに行うよりもヒト，モノ，カネ，情報を有効かつ集中して使う絞り込みが必要で，これまでの拡大志向から質への変換が必要と述べている。

　そのうえで，今後の診療体制を以下のように述べている。

①相澤病院の立場，住民の期待から考えて救急医療への対応は不採算で

あっても必要です。

② リハビリテーションセンター・脳卒中センターの充実

③ 透析，泌尿器科を中心とする腎，泌尿器科としての専門的医療内容の充実

④ 消火器病センターとして消火器疾患への対応をする事により他病院との差別化をする

⑤ 健康センターとして検診・ドック等の充実

⑥ 産科部門は自費診療なので，見通しさえあれば特殊部門として対応する

⑦ 少なくとも 2 人以上の診療体制を原則とする

診療体制の他の経営方針も次のように述べている。

① 1 日平均の来院患者数の 5 年後目標は入院患者 350 人・外来患者 700 人とする外来と入院の調和を図ること

② 病床利用率と回転率を上げること

③ 室料差額の収益を上げること

④ 収納管理をすること（レセプト請求に関する対応）

⑤ 生産性の向上　設備稼働率上昇，適切な設備投資，原材料生産性の向上

⑥ 労働生産性を高めること

⑦ 近代的能率的組織の確立　組織の整備と十分なコミュニケーション

　この時期に病院理念と経営方針を打ち出した経緯について，同誌の成長コラム[3]に次のように書かれている。

　相澤正樹理事長が逝去した後に実弟の前田恒雄先生が理事長に就任している。前田先生は外科の名医として患者からの信頼も厚く，温厚な人柄であった。病院経営は安定した時代であったが，病院の理念も存在せず，明確な経営

3　「相澤病院 創業 100 周年記念誌」pp.142-145，堀川豊元相澤健康センター長補佐記載。

方針も示されないままで，羅針盤なしに航海している状況に似ていた。また一部の医師や幹部には主張が強く，組織としての足並みが揃わず，強力なリーダーシップのもと全職員が一致団結する気風に欠けていた。

相澤孝夫副院長（当時）は，激務の診療の中，保守的な経営を何とか打開しようと必死になっていたが，経営者，幹部，職員が一枚岩となって対処する体制とはいいがたい状況であった。相澤副院長の改革的な意見に賛同しながら陰では足を引っ張る言動が大勢を占めていた。相澤副院長の提案で「業務検討委員会」が結成され，抜本的な各種業務見直しが検討されたが，保守的な勢力と革新的な意見がぶつかり，相澤副院長はますます孤立していった。そのような中，6人の若手職員がインフォーマルな組織「試行錯誤の会」を結成し，相澤副院長を中心に外部の会議室で病院の方向について真剣になって意見交換を行い，相澤副院長に，病院の理念と方針を定めてもらうこと，病院記念日を制定してその日に病院祭を開き全職員が一致団結すること，職員育成のための人事制度をつくることなどをお願いしている。この会の第3回会議終了後に先代の相澤正樹理事長の墓前に参詣している。

病院理念と経営方針のもとで，相澤副院長（当時）の強烈なリーダーシップにより業務改革と新規事業が実行されるようになった経緯がわかる。

第2 創業期（1994年〜2001年）相澤病院422床

1994年4月に慈泉会経営方針と基本方針を策定している。

同年10月に，相澤孝夫副院長が理事長・院長に就任している。その際の所信表明の内容は以下である。

> 救急医療を根幹に急性期医療を行っていき，24時間365日体制で医療提供を行うことを相澤病院の最大の目的とする。病気を見るのではなく，病人を診よということで，全人的医療の実施で患者を丸ごと生活も含めて対応することを目指す。
>
> 医療法人の病院は医療をきっちり行うためには健全な経営体質を維持することが大切で，診療したことについて正当な収入確保を図る，しかし目先の利益は追わない，ムダな支出は出来るだけ抑えることを目標とする。

> 職員とのコミュニケーションを図り，理念や方針が職員に十分に伝わる
> ようにして，個人が力を発揮してそのベクトルが同じ方向に向かって集中
> させて組織のパワーを引き出すよう前向きの努力を積み重ねたい。

　その後，経営方針については，1996年に慈泉会長期経営方針策定Ⅰを行っ
ており，2001年に慈泉会長期経営方針策定Ⅱを行い，さらに同年に慈泉会マ
スタープランⅢを策定している。

　相澤孝夫理事長・院長就任以降，積極的に病院改革に取り組み施策を実施す
る過程で法人事務局を設置している。これは，医療の質を確保しつつ成長する
組織には，経営を推進する組織の必要性から診療部門と事務部門の体制をまと
める本部組織を確立するために発足したものである。法人事務局長にはメイン
銀行の八十二銀行で支店長職を歴任した塚本健三氏が就任している。その後，
病院内の人事部門，経理部門，総務部門等を事務局に統合し，改革の推進組織
を整備している。

　救急医療の充実に関しては，1994年に救急外来を開設し，HCU病棟を開設
し，1995年にICU病棟を開設し，救急隊との直通電話を開設している。1999
年にもS棟増築に際してICU増床を実施しており，2000年に救急医療セン
ターを設置している。

　地域在宅支援センターは，全人的医療を目指す一環として，治療を終えた方
が住みなれた自宅で，その人らしい人生を送ることの手伝いを使命として発足
している。1996年に相澤訪問看護ステーションひまわりを立ち上げ，その後，
1999年に翌年の介護保険法施行を睨み相澤居宅介護支援事業所を開設してい
る。その際に訪問看護ステーションひまわりは地域在宅医療支援センターに組
織を改めている。その後は地域を拡大し，内容の充実した在宅支援活動を行っ
ている。

　病院理念に掲げた地域内完結医療の推進を担う部署として1998年に地域医
療連携室が発足している。発足当初は2名が担当しており，地域連携の推進と
して登録医制度を構築して，近隣の診療所を訪問して意見交換や要望等をうか
がっていた。さまざまな地域医療連携の取り組みが奏功して2001年に地域医
療支援病院に認定されている。

　人事制度の改革は，組織のベクトルを同じ方向に向かうことの必要性と，年功序列・定期昇給・公務員準拠などの医療界の慣行に疑問を抱いていた相澤理事長が，1996年に外部の病院人事制度の第一人者に指導を仰ぐかたちで，人事制度の改革プロジェクトチームを立ち上げている。1997年に新たな人事制度を導入している。その内容は職能資格等級制度，複線型人事制度，人事考課制度の三本柱を基盤とする能力主義人事制度であった。

　この期間も建物・設備の増設が相次いでいる。1994年は，5A病棟開設，救急外来開設，HCU病棟開設を行っており，1995年は，第2駐車場の開設とICU病棟を開設している。1996年は，慈泉会第一ビルの竣工，訪問看護ステーションの開設，S棟の増築竣工，レストランの開設，透析室，3S，4S病棟の開設を行っている。1997年は内視鏡室を増設し，1998年は，検診センターの改修を行っている。1999年は，外来棟2階の改修，S棟Ⅱ期増築の竣工と5S病棟の開設とICUの増床，居宅介護支援事業所の開設を行っている。2000年は，救急医療センター設置と，ガンマナイフセンターの開設，外来棟1階改修，整形外科外来改修を行っている。2001年は，産婦人科外来の増築と外科外来の改修，A棟3階改修により3A病棟に移行し，脳血管内治療センターの開設，腎不全・透析センターを開設し，栄養科・厨房の増改築を行っている。

飛躍期（2002年～2008年）相澤病院（422床～471床）

　この飛躍期は，救急医療の強化と新しい設備投資によって，地域に必要とされる医療に邁進している。人的資源の強化にも注力し，医療スタッフと管理スタッフの人員を増加して1,400人以上の職員が松本医療圏の医療を向上させるために努力を続けている。

　2005年に病床数を471床に増床している。2006年に特別医療法人の認可を取得して，特定・特別医療法人慈泉会となっている。さらに2008年に社会医療法人の申請を行っている。

救急医療の強化

　相澤孝夫理事長の就任に際して，相澤病院は救急医療を中心とした急性期医療に特化することを明確に打ち出している。2002年からの飛躍期において，救急医療の充実に向けた様々な施策を行っている。2002年に病院屋上のヘリ

ポートが完成し，救急医療センターの改修工事が終了して，救急救命室（ER）
としてスタートすると同時にヘリポートも共用開始となっている。同年に消防
学校の病院実習を受け入れ，救急救命士病院実習を開始して年間 50 人の実習
受け入れを行うなどで地域との救急医療への連携を図っている。2005 年に待
望の中信地区救命救急センターの指定を受けており，北米型 ER（一次救急か
ら 3 次救急までの救急患者の初期診療を行う体制）による救急を本格的に行っ
てきた病院の悲願が結実している。

　救命救急センター開設までの経緯は次のようなものである。1991 年の病院
運営方針において救急医療の充実を掲げ，1994 年に市内最初の救急外来を新
設し，松本サリン事件の被害者が搬送されている。同年の相澤孝夫理事長就任
により救急医療への一層の取り組み強化が始まり，松本広域二次救急医療輪番
制当番病院制度の救急固定当番制に取り組んでいる。これらの活動が同セン
ター開設に結びついているようである。

　相澤救命救急センターの勤務体制は，夜勤の医師と当直医により 8 人から 9
人の医師が常駐する他に，自宅待機救急当番医師が呼び出しに応じて対応する
体制によって，24 時間 365 日の決して断らない救急体制を維持している。

臨床研修について

　2002 年に，臨床研修病院の指定を受けるための臨床研修病院取得プロジェ
クトチームを発足して整備を行っている。同年 12 月に厚生労働省に申請を行
い，翌 2003 年 4 月に管理型臨床研修病院に指定されている。臨床研修セン
ターは，同年 3 月に立ち上げ臨床研修に臨んでいる。研修医は 1 年次 3 人，2
年次 1 人から始まり，研修医数は 2004 年 8 人，2005 年 9 人，2006 年 9 人，
2007 年 11 人，2008 年 12 人の研修医が入職している。2006 年から臨床研修セン
ターは，病院組織の一部門から法人組織の一部門へ移行している。当院の臨
床研修の取組は，2008 年に NPO 法人卒後臨床研修評価機構より認定評価を受
けている。

がん治療について

　がん治療は，2003 年に PET（ポジトロン断層撮影）センターを開設してい
る。2006 年に診療科や職種を超えた集学的癌がん治療体制の確立を目的とし
てがん集学治療センターを開設している。このセンターは，緩和治療部門，外

来化学療法室，事務部の3部門で構成されている。翌2007年に，施設の新築移転に伴い，外来化学療法科，放射線治療科，緩和治療科（現緩和ケア科），看護科，事務部，がん患者・家族支援センターの6部門体制に変更している。新施設は病院とは独立して受付対応を可能にしている。同年に長野県初となるトモセラピー（強度変調放射線治療装置）の設置をしている。そして，日本がん治療認定医機構研修施設に認定されている。翌2008年には，地域医療がん診療連携拠点病院に指定されている。

建物，設備の増設について

　2002年は，ER・救急センターの改築，ヘリポートの増築，HER増築，B棟Ⅱ期工事増改築を行い，3C病棟を開設，5B病棟増改築を行っている。2003年は，PETセンターが竣工しており，4C病棟改装を行っている。2004年は遺伝子検査室の完成，内視鏡センター改修，ATMコーナーの移転，ビル2階を改装して診療情報センターとしており，4A病棟開設，第3X線テレビ検査室完成となっている。2005年は，健康センター1階改修が完成しており，院内駐車場整備改修工事が完成し，院内22か所にAEDを設置し，病床数471床に増床している。2006年は手術室，リカバリー新設が完了している。2007年は，病院南側駐車場整備工事が完了しており，耐震補強工事はA棟1階・2階が完成している。

2009年以降の相澤病院

　同誌には次のように書かれている[4]。「わが身をもって，病める隣人を救うこと」医療法人慈泉会と相澤病院の創始者である相澤曽兵衛が灯した明かりは，周囲にいた医療人の心に灯され，その明かりが受け継がれて今や医師百数十名を含む約1,400人の大組織になっている。

　医院から医療法人財団，さらに特定医療法人から特別・特定医療法人を経てさらに社会医療法人へと公共性を増しながら地域に根差して発展を遂げている。

4　「相澤病院創業100周年記念誌」p.202

　救急医療を担う精神も受け継がれ，新型救命救急センターの指定を受けるな
ど，民間病院では長野県中信地区最大規模の総合病院として発展している。

図表③-1　特定・特別医療法人財団慈泉会組織図

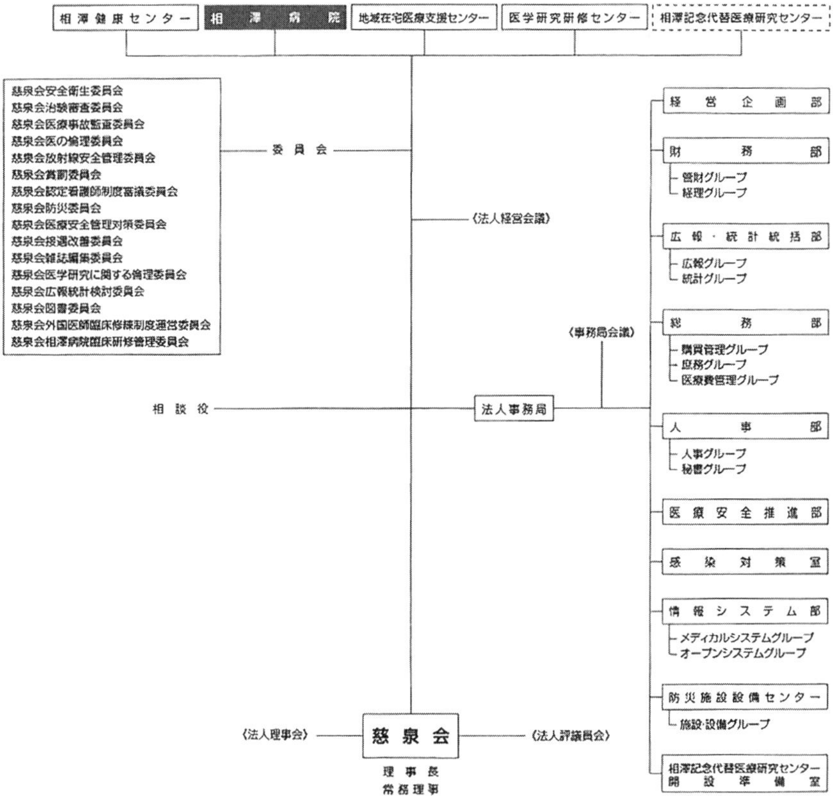

出所：相澤病院創業 100 周年記念誌

図表③-2

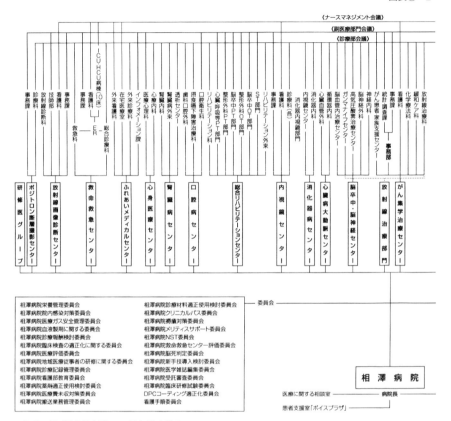

出所:「相澤病院創業 100 周年記念誌」pp.18-19

相澤病院組織図

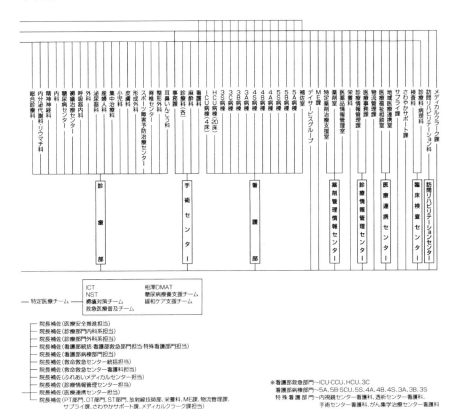

診療部
- 総合診療科
- 内分泌代謝科・リウマチ科
- 精神神経科
- 内科
- 糖尿病センター
- 呼吸器内科
- 透析治療センター
- 泌尿器科
- 集中治療科
- 小児科
- 皮膚科
- 形成外科
- スポーツ障害予防治療センター
- 脊椎センター
- 整形外科
- 耳鼻いんこう科
- 事務課

診療部
- 診療科（各）
- 麻酔科
- 看護科
- ICU病棟（4床）
- HCU病棟（20床）
- 3S病棟
- 3C病棟
- 3B病棟
- 4B病棟
- 4S病棟
- 4A病棟
- 5B病棟
- 5S病棟
- 5A病棟
- 補佐室
- デイサービスグループ

手術センター

看護部

薬剤管理情報センター
- ME課
- 特定薬剤治療支援室
- 薬剤室
- 医薬品情報管理課

診療情報管理センター
- 栄養科
- 診療情報管理課
- 物流管理課

医療連携センター
- 医療福祉相談室
- 地域医療連携室
- サプライ課
- さわやかサポート課

臨床検査センター
- 検査科

訪問リハビリテーションセンター
- メディカルクラーク課
- 訪問リハビリテーション科
- 診療・病理科

─ 特定医療チーム ─

ICT	相澤DMAT
NST	糖尿病療養支援チーム
褥瘡対策チーム	緩和ケア支援チーム
救急医療普及チーム	

- 院長補佐（医療安全推進担当）
- 院長補佐（診療部門内科系担当）
- 院長補佐（診療部門外科系担当）
- 院長補佐（看護部統括・看護部救急部門担当・特殊看護部門担当）
- 院長補佐（看護部病棟部門担当）
- 院長補佐（救命救急センター統括担当）
- 院長補佐（救命救急センター看護科担当）
- 院長補佐（ふれあいメディカルセンター担当）
- 院長補佐（診療情報管理センター担当）
- 院長補佐（医療連携センター担当）
- 院長補佐（PT部門、OT部門、ST部門、放射線技師部、栄養科、ME課、物流管理課、サプライ課、さわやかサポート課、メディカルクラーク課担当）

※看護部救急部門〜ICU・CCU、HCU、3C
　看護部病棟部門〜5A、5B・SCU、5S、4A、4B、4S、3A、3B、3S
　特殊看護部門〜内視鏡センター看護科、透析センター看護科、
　　手術センター看護科、がん集学治療センター看護科

事例④

大阪赤十字病院 組織の発展

1. 日本赤十字社について

　日本赤十字社は，博愛慈善の精神により病院を設立しており，国内に91病院を有し，北海道から沖縄までほぼ全県で病院を経営している。赤十字病院は，戦前は救護看護師の養成が重要な使命であったが，戦後は全国的に医療機関の整備と医療の普及のために積極的に施設整備と機能強化を図る他，地域医療の確保に努めている。

　1951年に医療法で「公的医療機関」に指定され，僻地医療や救急医療，高度医療等医療政策の一翼を担うことになっている。1952年の日本赤十字社法により，赤十字病院の目的として一般医療を行うことが明示されている。尚，赤十字病院は当該施設の収入をもって経費に充てる独立採算制を基本としている（日本赤十字社，2009）。

　日本赤十字社の創設者の佐野常民は，大阪「適塾」で緒方洪庵より医術を学び，「医は仁なり」と教えられている。その後，1867年に佐賀藩士としてパリ万博の派遣団に加わり，現地で赤十字の展示を見て「敵味方の区別なく，救う」という赤十字精神に感動しており，人道精神が世界共通であることを実感している。

　1877年2月に西南戦争が勃発し政府軍と薩摩軍の激しい戦闘により，両軍ともに多数の死傷者を出すという悲惨な状況に対し，佐野と大給恒の元老院議官は，救護団体による戦争，紛争時の傷病兵の救護の必要性を痛感し，戦場で負傷する人々を一刻も早く救護したいと考えた。そして征討総督有栖川熾仁親王に博愛社設立の趣意書を差し出した結果，博愛社の活動が許可された。救護

活動の許可を得た博愛社の救護員は，直ちに現地に急行し，官薩両軍の傷病者の救護に当たった。1877年に設立された博愛社は，1886年に日本政府がジュネーブ条約に加入すると，翌年に名称を日本赤十字社と改称して現在に至っている。

日本赤十字社五十年史の緒言に記載される博愛社の社則は以下である。

1、博愛社の目的は戦時において傷病兵を救護する

2、資金は社員の出資と有志者の寄付による

3、救護員は一定の見易い記章を衣服につける

4、敵の傷者も救護する

5、官の法則を遵守し陸海軍の指揮を受ける．

この社則に「敵の傷病兵まで救護すること」に対して異論がでたため，西南戦争の征討総督の有栖川親王の許可が必要として佐野が戦地に赴いて認可を受けている。結局，西南戦争に際して佐野は医員看護人等を派遣し，救護事業に120人程が従事し，救護した傷病兵は約1400人となっている。

西南戦後，博愛社の存続が問題になったが，戦時において有効なる救護の実績を上げるためには，平時においても準備する必要があるので常設するものと決定して，小松宮親王を総長に副総長に佐野と大給が選ばれた。

当初，日本は赤十字条約に加入していなかったため博愛社は万国赤十字同盟に加入できなかったが，1887年に赤十字条約に加盟しその際に日本赤十字社に改名している。

社名の改名，社則の改正により，本社は皇族を総裁に推戴し，理事員10人中より社長1人，副社長1人を互選し勅許を受けるとし，常議員30人を置き理事員はその中から選出する。となっている。地方支部規則も制定されており，本社は行政区分に応じて地方支部か地方委員を設けて，地方長官に支部長もしくは委員長を委嘱することとなっている。軍事区域において赤十字支部を組織した方が適当であるが，日本赤十字社趣旨を全国に普及するためには行政区分によって支部機関を設け地方長官の協力を求めた方が有利であるとして決定された。

当時の規則では，東京，大阪，京都，北海道，師団と兵営と開港場の所在する県，正社員が千人以上の県に支部を設けて，それ以外の県は委員を設置して

いたが，その後委員は漸減して 1896 年に全て支部となっている。

　1897 年の新民法制定により，法人への移行することになり，専門家とともに検討した結果，社団法人の定款を制定して 1901 年に移行している。定款には，民法の規定により社団法人とすること。天皇皇后の保護を受けること。皇族を推戴して総裁とすること。が記載されている。そして同年に日本赤十字社条例が勅令によって発布している。その内容は，日本赤十字社は，陸海軍の戦時衛生勤務を幇助する。社長・副社長の任免は勅許によるもの。陸海軍大臣の監督下に置かれるもの。戦時の救護員は陸海軍の命令に服する義務を負うもの。戦時における人員他の輸送は軍人や軍用品に準ずるもの。戦時において，医員，調剤員，看護婦監督は陸海軍将校の待遇，書記，調剤員補，看護婦長は下士官待遇，看護婦，看護人は卒の待遇に準ずる。戦時における宿舎や食料は官給とする。という内容であった。戦時における救護事業に備えるために，従事する医員と看護婦と看護人と使用する医療機器等を平時において準備することになり，救護班組織を組織している。

　本社病院（現日赤医療センター）は，1886 年に救護員を養成する目的で東京府内飯田町の官有地を借用して陸軍省の援助によって建設された。しかし規模が小さいので 1891 年豊島御料地の一部を宮内省から借用して宮内省の援助によって病院が完成している。病院の建設資金は全て恩賜金であり本邦屈指の一大病院であったと記載がある。1892 年 6 月の新築開院式には，皇后，総裁小松宮，北白川宮，有栖川宮，閑院宮の皇族の他に華族が臨席して行われた。

　看護婦の養成は，教員となる医師を準備した後，病院設立 4 年後に 15 人の生徒を募集している。看護婦養成の事業は本社支部病院の設立と共に各病院において行われている。

　1888 年に初めて災害救護を行っており，7 月の福島県磐梯山の爆発において救護員を派遣している。日本赤十字社の規則は戦時救護のみが規定されており，災害救護のことがなかったが，昭憲皇太后より罹災者の救護を日本赤十字社が行ってはどうかとの内意があった。戦時の傷病兵救護が博愛主義によるものであれば平時における災害救護もその主義の拡張にあり，規則に明文なくても実施することが決議されている。その後，1890 年の紀州沖のトルコ船の救護，1891 年の愛知岐阜の震災，1896 年の三陸沖地震　関東大震災において災

害救護を行っている。1923 年の関東大震災，1959 年の伊勢湾台風，1985 年日航機墜落事故，1991 年の雲仙普賢岳噴火，1993 年北海道南西沖地震，1995 年阪神・淡路大震災，2004 年新潟県中越地震，2011 年東日本大震災などのあらゆる天災地変や交通災害や遭難など多様な救護活動を展開している。

　戦時救護は，1894 年の日清戦争では，戦地派遣救護班は 3 個班が派遣されており，その他国内各地の病院で傷病兵の救護を行い，さらに捕虜患者の救護にも従事している。1901 年の北清事変においては，病院船 2 隻を派遣して傷病者を国内に輸送している。1904 年日露戦争では，4,847 人の救護員を派遣して傷病兵の救護と捕虜患者の救護に従事している。その後の 1914 年から 1922 年の第一次大戦とシベリア出兵，1937 年からの日中戦争，1941 年から 1945 年までの第二次大戦において傷病兵の救護等にあたっている。

本社支部病院の設置

　1886 年に本社病院が設置されている。さらに地方にも赤十字病院を設置して，平時には救護員の養成を行い，戦時は陸軍予備病院に提供するために，1899 年に赤十字社病院規則を定めて，陸軍の師団所在地と軍港所在地に病院を建設する方針で陸軍省の認可を受けたものの，実施はされておらず，日露戦争の勃発で見送られていた。

　その後，支部病院建設の気運が熟したとして，滋賀支部長による支部病院建設の建議書が出て，1903 年に支部病院設立準則を定めて発布している。同年に三重支部山田病院を筆頭に滋賀，長野に病院が建設され漸次病院が建設されている。

　日本赤十字社五十年史に記載された設置病院数を見ると，1903 年 1 施設，1904 年 4 施設，1905 年〜1906 年　6 施設，1907 年 8 施設，1908 年 9 施設，1909 年〜1912 年　11 施設，1913 年 13 施設，1914 年 14 施設，1915 年〜1919 年 16 施設，1920 年〜1922 年 18 施設，1923 年〜1924 年 20 施設，1925 年 21 施設，1926 年 23 施設と漸増している。

皇室の関係

　博愛社設立に際して明治天皇皇后が認可により創設され，日本赤十字社への

社名変更と社則改正の時から本社を天皇皇后の保護の下に置かれることが公認
されており，本社の総会には皇后が臨席されている。

　設立に際して有栖川宮親王の英断によって設立されており，小松宮親王は創
設時から総裁となり，その後閑院宮親王が総裁であった。

　戦後の初代名誉総裁は香淳皇后であり，第2代名誉総裁上皇后美智子妃殿下
であり，現在の第3代名誉総裁は皇后雅子妃殿下である。

歴代の社長

　初代の社長は，博愛社の創設者である佐野常民伯爵である。第2代社長は，
初代の佐野常民が1902年死去後に，松方正義公爵が総裁の小松宮親王の招聘
により就任している。第3代社長は，1912年に松方公爵が高齢理由で辞任後
に花房義質子爵が1917年まで務めている。第4代社長は石黒忠直子爵であり，
閑院宮総裁の勧誘によって就任し1920年に辞任している。第5代社長は平山
成信男爵が就任している。平山男爵は設立から参加しており，1920年から
1929年まで社長であった。第6代社長は徳川家達公爵が就任しており1940年
まで務めている。第7代社長は徳川圀順公爵であり1946年まで社長であった。
第8代社長は1946年から1965年まで島津忠承元公爵が就任している。第9代
社長は川西実三氏で1965年から1968年まで社長であった。第10代社長は，
東龍太郎氏で1968年から1978年まで務めている。第11代社長は，林敬三氏
であり，1978年から1987年まで社長であった。第12代社長は山本正淑氏で
1987年から1996年まで務めている。第13代社長は藤森昭一氏であり1996年
から2005年まで社長であった。第14代社長は近衞忠煇氏で2005年から2019
年まで務めている。第15代の現在の社長は大塚義治氏である。

2. 大阪赤十字病院の事例

　大阪赤十字病院（大阪市909床）は日本赤十字病院の中でも最大規模の病院
施設である。病院の所在地は大阪市天王寺区であり，診療科は36診療科を有
し約1,800人が勤務している。

　同病院の組織の発展段階に関して開院からの歴史を，「大阪赤十字病院九十年史」を基にして検証を試みる。

　本書には，1999年の創立90周年の記念式典において，当時の清水達夫院長の挨拶として以下のような内容が記載されている。「本院の創立以来の90年を振り返ってみると，創立50周年の大阪赤十字病院五十年史には，明治42年の創立から昭和34年までの50年間が五期に分けられています。第一期　創立および増築期（1909年から1925年），第二期　改築期（1926年から1937年），第三期　陸軍病院期（1937年から1945年），第四期　接収期（1945年から1955年），第五期　本院復帰と本館建築期（1955年以降），その後の40年間をいくつの時期に分けられるのか，何処でどのように時代を区分するのかは，現在を客観的に分析することは難しく，意見が分かれるところですが，一つだけはっきり言えることは東病棟の起工式が行われた平成8年から，本院は新しい時期に入っているということです」，と述べている。

　本稿は，清水元院長の述べる時代区分に沿って，大阪赤十字病院の病院史を通して同病院組織の発展段階を検証する。

大阪支部病院開設の経緯（1896年〜1909年）

　1896年に大阪支部病院の設立を日本赤十字社本社に提案したところ支部病院設立の意志はないとの回答があった。

　その後，1901年に救護看護婦養成の支部病院建設を申請し，佐野常民社長より内諾を得たものの，その後に赤十字各支部から病院建設請願が一斉に出たため，一旦大阪支部病院建設計画は中止命令が出た。しかし，中止命令2年後の1903年に本社による支部病院建設の計画案が出て，内務省と大阪支部病院建設予に向けた用地取得交渉に入ったが，日露戦争により病院建設計画は中断した後，1907年に内務省からの用地払い下げにより翌1908年より病院建物の建設が始まり1909年4月に病院建物は完成している。初代の病院長は，京都帝国大学医学部内科の笠松光興教授が京大教授兼任で就任している。

第一期　創立および増築期（1909 年～1926 年）

大阪支部病院開院時について（1909 年）

　日本赤十字社大阪支部病院（開院当時）は，1909 年 5 月 8 日に開院している。開院式には，日本赤十字社総裁の閑院宮殿下が石黒陸軍軍医総監，小沢赤十字社副社長と共に参列し，大阪府知事，大阪府内務部長，赤十字府支部幹部，笠原病院長が賓客を出迎えている。開院式は祝砲の合図で軍楽隊が君が代を奉送する中で行われている。

　開院式の閑院宮総裁の諭旨では，「当病院平時専ら救護員を養成し又戦時は陸軍予備病院に共用するの目的に由り設立されるものにして，救護員の要請には最も力を効さざるべからず而して一般患者の医治及び貧困者の救済に従事するも亦訓練の必要に基づくなり当局職員厚く本社博愛の主旨を体し励精克く其職を儘さんことを望む」と述べている[1]。大阪支部病院は看護婦の養成と陸軍の予備病院としての役割によって設立されており，病院には救護看護婦養成所が併設されている。

　日本赤十字病院の発足の発端は，戦時救護と平時救護の救護員，救護看護婦の養成であったため看護婦の養成も一般病院の看護婦養成と趣が異なっている。赤十字社の看護婦は救護看護婦と呼ばれ，軍隊式の教育を受けており，有事に際してはその用に立つべく教育されており，規律が厳しかったようで，院内用語も陸軍式であり上司，先輩には「殿」をつけて呼んでいた。外科医師が着任した際に看護婦が直立不動の姿勢で「医員殿のお荷物をお部屋にお運びします」と言われてその医師は戸惑ったとの記載がある[2]。

　赤十字大阪支部病院は，有事には陸軍病院に供する任務があるため，陸軍病院の軍医とは開院時から関わりがあり，開院時に大阪支部病院兼務であった軍医が 5 人いた。

　1909 年の開院年度の病床規模は 200 床であり診療科は内科，外科，眼科，産婦人科の 4 診療科であり，病院の職員は，医師 14 人，看護婦 19 人，薬剤師 1 人，事務職等 7 人であった。患者数は外来患者は延べ 143,675 人であり，入

1　「大阪赤十字病院九十年史」p.6 と p.10 に記載
2　「大阪赤十字病院九十年史」p.10 に記載

院患者は述べ 25,509 人であった。

　大阪支部病院の組織発生方法はバーナード（1938）が述べる，既存組織から派生した子組織として発生しており，個人の組織しようとする努力の結果による診療所から病院へと規模を拡大したものではなく，最初から病院組織の形態で発生している。

　「大阪赤十字病院九十年史」には，開院当時の組織図は記載されていないが，記述内容から，診療部（4 診療科），薬剤部，事務部で構成される職能別組織形態であったと推察できる。

開院後について（1911 年～1925 年）

　1911 年，開院後 2 年で初代の笠原病院長が辞職し，2 代目病院長に長野純蔵博士が就任している。就任早々に小児科を内科から，耳鼻咽喉科と皮膚病花柳病科を外科から分科して診療科の増設に取り組んでいる。同年の診療統計によれば外来患者は 1 日平均 196 人であり，入院患者は 1 日平均 59.4 人であった。病院の診療には活気があり，救護看護婦養成所の生徒も最上級の 3 年生になり診療科や病室の実習勤務や手術室の補助業務のできるようになっており病院は充実期に入ったとの記載がある。

　1912 年，病院建物の増築工事を開始して，1914 年に病床 41 床の増設と，第三寄宿舎が完成して，全看護婦が第二，第三宿舎に寄宿し，救護看護婦養成所生徒は第一宿舎に寄宿するようになった。この頃，看護婦，勤務医，職員は仕事の要領も分かって来たようである。大阪の住友家が寄贈した手術室はフル回転で稼働していた。院内体制が順次と整備され，赤十字病院の伝統が出来つつあった。

　1914 年に，院内の親睦団体の「院友会」が発足している。院友会の会則には，日本赤十字社大阪支部病院内に事務所を設置し，会員相互の親睦を保つことが目的であり，会員は病院職員他で構成され，毎月もしくは隔月に例会，春秋に大会を開くとの記載がある。当初，看護婦の親睦会として発足予定であったところ，長野院長から看護婦だけでない全職員の親睦会組織を提案されて発足した。

　同年 4 月に長野病院長が退職して，前田松苗博士が 3 代目の病院長に就任した。前田院長は大阪支部病院開院から内科医長を務めており内部昇格によるも

のであった。前田松苗院長は 1914 年から 1943 年までの激動期に院長を務めている。尚，看護婦取締婦長は堀幸取締役婦長から小畑あい取締婦長に代わっている。尚看護婦取締婦長は名称が看護婦監督に変更しており，初代は小畑あい看護婦監督となり 1928 年まで務めている。

　1915 年 12 月，日本赤十字支部病院救護看護婦養成所の卒業生に大阪府指定の看護婦資格免許が付与されている。看護婦養成所が発足して 10 年目のことであった。

　1921 年 4 月に病院の事務職が病院主事から病院事務長に名称変更しており，開設以来の目﨑主事が病院事務長を辞し岸本伊勢吉事務長が就任した。岸本事務長は 1922 年からの病舎増築等の病院の基盤つくりに貢献することになる。

　1922 年に病院の増築が開始している。急ピッチで木造建築物を建設しており，その結果診療科は，内科，外科，眼科，産婦人科，小児科，皮膚花柳病科，耳鼻咽喉科の 7 診療科となり，来院患者も増えている。この増築に際しての用地買収によってその後の大改築の基盤ができている。

　1925 年に日本赤十字社総裁閑院宮殿下と日本赤十字社徳川副社長，中川大阪府知事が新築した病院の視察に訪れている。その際の説明で病院概要を以下のように述べている。病院の建物は堅牢であり，震災その他危険は少なく，病院の内部組織は内科，外科，眼科，産婦人科，小児科，皮膚花柳病科，耳鼻咽喉科，薬剤部，庶務係，会計係として，そのほかに中央研究室，一般治療室，X 線室設備によって診療を行っている。喫茶室を設けて外来患者に簡単な食事を提供するため飲料の他弁当を安く提供しており，薬剤部は調剤能力向上のために錠剤機を設置し，自動滅菌装置や蒸気乾燥室の設備もあったと記載がある。

第二期　改築期（1926 年〜1937 年）

　1926 年に中川大阪府知事より，現在の木造建築病院から耐震耐火の最新式病院建築について，前田院長に相談があり，その後病院の大改築計画が発表された。病院の建築計画に対する予算は半分程の 150 万円が不足しているため，不足分は寄付による計画予算を提出して府知事の裁可の上で本社に計画案を申請している。寄付は 150 万円のほぼ予定通りの金額が集まっている。

　1928年3月に鍬入れ式を行い，鉄筋コンクリート5階建て病棟の建築工事は開始され，翌1929年に南病棟が完成している。4月の落成披露式が3日間執り行われ，10月には病院設備拡張のため東隣地927坪を買収しており，病院の増築工事は順調に進んでいる。この時期に救護看護婦養成所に養成部長職が新たに設置され，副院長が兼任している。さらに社会医療の赤十字事業の予防や衛生思想の普及，指導を目的として社会看護婦の養成を開始している。この年に事務長が交代しており，新たに着任した事務長は予備役陸軍三等主計正（少佐相当）であり元上官から「赤十字の仕事はお国のためである。お国のために奉公しろ」と言われて着任している。そして小畑あい看護婦監督が退任し，後任は神崎猪久野副監督が昇格している。7月の大阪防空演習に救護員として，医師，救護看護婦に参加要請があり医師6人，看護婦と看護学生140人計146人が参加している。

　1930年に前年に完成した南棟に続き，改築工事の二番目の中病棟の建設工事が始まった。南病棟の完成から中病棟の着工まで1年余り経過したのは敷地買収が手間取ったためであった。病院の改築の進行に伴って診療体制の充実し，外科救急診察室を新設しているのは交通事故負傷者への救急医療が必要であることが背景にある。さらに理学的診療科を開設している。

　1931年に，中央検査室が研究部になり，副医長制が実施され新たに3人の副医長が任命されている。この時期の患者は，外来患者は1日平均1,500名程であり入院患者は約640人程であった。職員数は総勢640人であり，さらに看護婦生徒が250人であった。

　1932年に満州事変が勃発し，病院から戦時救護班を編成して内外地の陸軍・海軍病院に出勤している。

　1933年に，中病棟が完成して外来患者は1日平均3,000人を超え，入院患者は784人となっている。さらに結核療養所の本格病舎が完成している。南病棟と中病棟の各室と事務所は真空鉄パイプ，エアシュートで結ばれて書類等の受け渡しが素早くできている。全院内マイク放送も実施されており，関係者への連絡もすぐに取れるようになっていた。5月には看護婦寄宿舎の新築地鎮祭が行われ，翌1934年に完成している。

　この頃の病院はスエズ運河以東の東洋一の病院と言われており，病院には動

物園や温室もあり，茶室が2つあって国際庭園もあったとのことを1989年に
二本杉院長が述べている[3]。

　1934年に亀井盛隆軍医少将が救護看護婦養成所の養成主任として着任し後
に養成部長となっている。中国大陸での戦禍拡大に伴い，病院内で有事に備え
た体制が取られて救護班他7カ班が編成されている。近畿地区の防空演習が頻
繁に行われ救護班が参加している。さらに非常時に備え救急所2カ所を増設し
大阪市内の救急所は4カ所設置された。

　1935年には，病院内に風紀委員が設置され規律が厳しくなり，服装，徽章
の佩用が定められ陸軍と同様の院内統制が一段と厳格になっている。

　1936年には，朝日新聞主催，第四師団，大阪府・市の指導による「防毒マ
スク着用訓練防空大行進」があり，救護婦生徒が参加している。一方でこのよ
うな時期だからこそとして医学研究会が発足して医学雑誌「大阪日赤医学」第
一号を発行している。この時期に北病棟が完成し建物増築の第一期計画が完了
し，第二期計画の本館，外来棟の建設が始まろうとしていた。

第三期　陸軍病院期（1937年～1945年）

　1937年7月に盧溝橋事件を契機とする日中戦争の開始により，日本赤十字
社に戦時救護班の出動要請が入り，東京本社から当院に救護看護婦の出動命令
が届き，救護班を編成し看護婦長7人，救護看護婦20人の計27人が出動して
いる。その後も救護班が出動したため病院勤務者が不足したので看護婦免許を
持った人を看護助手として採用している。さらに救護看護婦養成所三学年を臨
時救護看護婦として勤務に就けている。

　この年12月に日本赤十字社大阪支部病院は，大阪陸軍病院大阪赤十字病院
となり，同日より傷病兵の収容を開始して一般診療は外来診療だけとなってい
る。そして本館と外来棟の第二期工事は中止となった。

　1938年には，救護員として医師6人を派遣しており，軍医として医師24人
が招集されている。一方で軍医として応召した医師の戦死報告も相次いでい
る。病院は軍服と白衣の看護婦が目立ち，各所に憲兵が立哨するものものしい

3　「大阪赤十字病院九十年史」p.157に記載

もので，一般外来患者の出入りは窮屈であったようである。1939 年から 1941
年までの記録は，興亜奉公日や紀元 2600 年の奉祝行事，事務長人事と小児科
医師の人事等の記載がある。

　1941 年に太平洋戦争の開始により病院内は混雑しており，慰問客と面会人
でごった返していたようである。1942 年は副院長人事の記録がある。1943 年
に日本赤十字社が支部病院管理規則を改正して，大阪赤十字病院と改称して全
面的に共用した模様である。同年に三代目院長の前田院長が辞任し山田赤十字
病院から小川勇院長が就任した。

　1944 年になると外来診療は玄関脇で細々と行っており，医師は全員軍医で
あり，看護婦は 50 人程であり，看護養成所の看護生徒が実習により主力とし
て働いていた。

　1945 年 3 月 13 日の大阪大空襲で大阪市は大被害を受けており，当院も被弾
したが病棟に被害は無かった。傷痍軍人で満床であったところに空襲の負傷者
を病舎の廊下に収容して救護に当たっていた。空襲による焼夷弾の被災で玄
関，外来棟などの木造建造物は全部消失したがコンクリート建て病棟は無事で
あり，8 月 14 日の空襲でも病院内 4 カ所に被弾したが病棟に被害は無かった。

　8 月 15 日の終戦を迎え，数日後に軍患者は大阪陸軍病院に転送され，入れ
替わりに米軍捕虜 550 名を収容している。9 月に小川院長が退職し，原副院長
が病院責任者となった。

第四期　接収期（1945 年〜1955 年）

　1945 年 11 月に接収命令により分病棟を除いた全施設が米軍に接収されてい
る。病院職員は，強制立ち退き命令により全員が分病棟へ引っ越したが，その
後 12 月に分病棟も接収するとの通告により，大阪市より生魂国民学校の講堂
を借りて，その地に移転している。

　1946 年に原副院長が院長に就任した。同時に従業員組合が結成されている。
陸軍の兵舎跡の半分を借り受け，本院を生魂国民学校から移転している。診療
所を堺市内に 2 カ所，大阪市内 4 カ所の 6 カ所で開設しており，市内のアパー
トを改築して 50 床の分院を開設している。さらに市内の病院をわかもとから
買収して阿倍野分院を開設している。看護婦監督が小野監督から長島監督に交

代している。亀井陸軍少将養成部長の退職に伴い養成部は廃止されている。1947 年に医学インターン生を採用し医師の養成を開始している。さらに看護婦の養成も本院で開始している。1948 年には，戦後の混乱の中での大事故や福井地震の救護への活動が評価され災害救助指定病院になっている。1950 年のジェーン台風でも救護班が活躍している。1951 年原院長の逝去に伴い翌1952 年に京都大学菊池教授が教授兼務で病院長に就任している。菊池院長は院内に「接収復帰委員会」を発足して復帰運動を展開している。

第五期　本院復帰と本館建築期（1955 年以降）
接収の解除以降から創立 60 周年（1955 年〜1969 年）

　1955 年 2 月に接収解除のよる本院返還式が開催された。米軍接収に伴い野戦病院として改造されていたため直ちに使用できる状態でなかったので，改築が必要であり移転は 4 月であった。移転後は直ちに診療と入院業務を開始している。さらに看護婦養成の高等看護学院の建設にかかり 1957 年に完成して新学期から授業が始まっている。1958 年に戦争のため建設中止となっていた本館建設が決定している。

　1959 年に本館完成を控え再建計画を立て，物品消費節約委員会他 7 つの委員会を設置して活動を開始している。本館の建設には，松下幸之助氏から多額の寄付金があり，病院では趣旨に報いて本館に松下記念講堂を設けている。本館の落成式は 11 月に行われている。

　1960 年に，組合からの要求への折り合いがつかずに初めてのストライキが決行されたが，看護婦は既に組合を集団脱退していたことから，ストライキに参加しなかったので，診療業務に大きな混乱は生じてはいない[4]。1961 年に，日本赤十字社は厚生省の指導により全国の給与を統一して国家公務員に準ずると定めたため当院もその規定に従って対応している。

　1962 年に病院再建計画として診療部を発足し，当時増えていた交通事故対応するために脳外科と救急病棟を設置している。

　1963 年の新年会互礼会で菊池院長より，病院の立て直しに向けた病院一丸

4　「大阪赤十字病院九十年史」p.64 に記載がある。

の協力を切望する旨が伝えられている。院内の抜本的改革を期して病院組織，労務管理等 7 部門の研究調査会を発足している。脳外科開設に伴う人事発令，事務次長設置規定による事務次長人事発令，麻酔科の開設，事務職の人事等が行われている。この時期の看護部は分院も含めて 450 人，看護学生，助産婦学生を含めて 720 人が在籍していた。この時期に経営課題として 3 分院と 1 診療所の廃止か存続かについて考慮の結果，翌年に分院と診療所を廃止することで本院の診療体制の充実を図ることが決定した。

1965 年に菊池院長より病院再建案が発表された。その内容は，阿倍野，堺の分院の閉鎖，累積赤字の根源を断つ，施設の近代化，職員の福祉増進と人員確保，斜陽化事業の根本的改善であり，分院売却で得られる資金は診療の充実，機器購入に充てられ，看護婦寄宿舎の新設も計画された。この年計画通り分院 2 施設が廃院となっている。

1966 年に，文化財保全問題により難航していた法円坂分院敷地の整肢学園の建設計画が解決して土地の測量を開始している。職員，看護婦食堂の給食の外部委託によって合理化を進めている。院友会総会の音楽会，枚方カントリーでのゴルフコンペ，近畿赤十字病院球技大会でのソフトボール以外全種目で優勝している。

1967 年，法円坂に鉄筋コンクリート 3 階建の大阪赤十字病院付属大手前整肢学園が完成しており，16 人の肢体不自由児が入園している。同園では整形外科医の指導により本格的リハビリテーション活動を介しており，米国より女性セラピストを招き，理学療法士の教育講習を実施している。これまで行われてきた秋の体育祭をこの年から中止することを決定している。これは，駐車場が満車状態で体育祭会場の確保が難しくなったことや，職員の体育祭への関心が薄れてきたことが背景にあった。前年度の収支はわずかながらも黒字計上していたが，この年は赤字決算となり累積赤字は 1 億 6 千万円となっている。

1968 年の新年互例会で院長は，外科の専門分科による心臓血管外科の発足と内科の専門分科により消化器科と循環器科を発足することと，看護学院の短大化の検討について述べている。大手前整肢学園の第二期工事が完成して学園が出来上がっている。

創立 60 周年から病院再建委員会発足まで（1969 年〜1978 年）

　1969 年は当院創立 60 周年であった。菊池院長は再起元年として次のような今後の方針を示している。総合病院として教育に注力して医療水準を高め研究施設を充実するために血液センターを移転して，そこに研究室を設置する予定である。阿倍野分院売却資金を原資に内科，小児科の分科と小児センター，癌センター，リハビリセンターを設置して多角的診断治療組織を樹立する。赤十字病院は人道的立場に立ち，人命救助，人々の苦痛軽減の使命は高度医療水準と技術を持つことであり，そのために医師の教育と看護婦の養成は共に充実するべきと述べている。この年に病床の合理的配分としての病床の再配分を計画して病床再配分委員会が発足している。この年の予算総額は 23 億円ほどであり，うち人件費が 11 億円ほどであった。菊池院長は病院再起を宣言した後に赤十字本社に院長辞職を願い出ており，本社承認後に小山副院長が院長に任命されている。新任の小山院長により内科を三部制として消化器，循環器，血液・内分泌に分科している。

　1970 年，新任の小山院長から医師の「夜間開業の禁止」が伝えられ，結果として医師の副業禁止となっている。大阪での万国博覧会が開催に当たり，日本赤十字大阪府支部と当院は協力体制を整えて臨み，会場内の中央診療所内にドクターカーと医師，看護婦を常駐させていた。この年，夏季一時金（賞与）に関して大争議が起こり，ストライキを 3 回決行し，患者給食や手術にも影響が出て 2 か月間にわたり混乱が続いていた。解決したのは 8 月 21 日であり 8 月 25 日に一時金が支給されている。この年は，看護婦の大量退職で 1 月から 10 月に 106 人の看護婦が退職し，採用は 107 人であったので引き続き看護婦不足に悩まされている。そのため，病棟の一部閉鎖と看護婦の配置転換を計画したが結果として病棟閉鎖にはつながらなかった。この年は単年度赤字が 96 百万円であり累積赤字は 4 億 2 千万円になっている。

　1971 年は，10 年間勤務後に退職した事務部長の後任に大阪府立大学事務局長が就任している。この年の夏季一時金は，労組の協力により解決している。院友会主催の 8 月 4 日間で催されたサマーバイキングの集いは，全会員 8 割の 810 人が参加している。血液センター跡地に医師・薬剤師の研修施設を造ることにして委員会が設置されている。この年の医業収入は約 29 億円であり，医

業費用が約 30 億円であっておよそ 1 億円以上の赤字計上となっている。

　1972 年は，新年会で小山院長より労使協調が提唱されている。病床利用率向上運動が幹部会で提唱された他に，院長の提案で経営総参画として，病床利用委員会，機械整備委員会，節約委員会，病院運営委員会，看護問題相談会，外来業務委員会が発足している。一方で当院内の労働組合が 2 つに分裂している（全日赤（全日本赤十字労働組合連合会），日赤労組（日本赤十字労働組合））等を背景に職場の人間関係がかみ合っていないため，職場の人間関係を大切にしようとの声が上がっている。1973 年は，看護婦募集のための全室個室，冷暖房完備の鉄筋コンクリート 10 階建 250 室の看護婦寄宿舎建設計画が開始しており，1974 年に完成し看護学生が入寮している。看護婦不足から入院患者を減少し稼働病用を 2/3 に縮小している。

　1975 年は，法円坂分院の土地処分と分院閉鎖に伴い精神科新病棟が完成して移転している。形成外科の新設があり，新設された看護婦寄宿舎に全員の移転が完了している。既存の寄宿舎は，婦長宿舎，准看進学コース「大阪高等看護学校」校舎，看護婦研修センター，看護教育研究所，院内保育所として使用された。1976 年は，看護婦他 68 人の採用により看護部総勢 546 人となっている。大阪赤十字高等看護学院が新しい学校制度により大阪赤十字看護専門学校に改称している。これまで病院の見舞客に下足番がいて履物を預かり上履きを渡してエレベーターに係員がついて対応していたが，対応する職員の退職に伴いこれ以降，見舞客はセルフサービスで対応することになった。救急部の集中治療室 6 床が取扱いを開始している。

　1977 年は，病院の大改築の検討が始まり，そのための経営再建委員会が発足し，病院三役と関連部と診療部長によって構成されている。再建委員会の中間報告で，呼吸器科 166 床が半分ほど空床であるのに対して内科病床が常に満床であることから，科別定数に固執せずに入院対応を行う旨の提言があり，直ちに実行された。看護職は 71 名の採用があり看護部総勢 580 人となり，1,000人以上の入院対応が可能になったので，翌 1978 年に入院規制は解除されている。1977 年度の病院の収支は 1,590 万円の黒字計上であった。

二本杉院長就任から創立 90 周年まで（1979 年～1999 年）

　1979 年に，小山院長が退任して二本杉副院長が内部昇格して院長に就任している。院長就任のあいさつで，赤十字病院に勤務する者は，博愛，人道，奉仕，思いやりの心を持って，人々に平等に奉仕する心を持つ赤十字人でなければならず，この精神で患者，地域住民に接してくださいと述べている。この年の国際赤十字の標語は「愛の手で世界を結ぶ赤十字」であった。この年の看護職の入職は 72 人であり看護部総勢 647 人昨年比 23 人増加となっており，入院患者 1,000 人以上収容可能な体制ができている。病院職員総数は 1,200 人であった。この年の医業収支は前年比 7.5％増ではあったが，収支は約 1,000 万円の赤字であった。

　1980 年に河合管理局長（事務部長）が大阪府支部局長に転任し，後任に大阪府から中矢管理局長が就任している。この年の医業収入は増収であったものの，諸経費高騰を背景に収支は約 1,800 万円の赤字であった。1981 年に院長の年頭あいさつで人的にも物的にも整備された病院として地域医療に特長のある大阪赤十字病院を目指すという方針に呼応して病院再建委員会より全職員に対して病院経営の立て直し案を募り，結果として 10 件の応募があった。1983 年は，こどもの健康をテーマとした健康講座を開催し，二回目は循環器の病気をテーマに開催している。健康講座は受講者に好評で，病院の存在価値を高めるものとの認識が深まったようである。外来患者，入院患者の減少が，当院の冷暖房設備が無いことに起因するため，来夏までに全病室に冷房設備を整備する工事着工に取り掛かっている。1984 年に病室の冷房工事が完成し火入式が行われている。OB 医師との懇親会「博心会」を開催し開業医と病院との医療連携が大切であることを認識して会の充実が図られている。この年に地域医療が一次，二次，三次医療の区分けとなっていることから，従来以上の病診連携を積極的に進めることを病院の方針として打ち出している。

　1985 年は，病院建物の建替えを現在地で行うことに決定し，大阪府支部と病院による病院建設委員会を発足し，第一回の会合は，大阪府支部局長，次長，院長，事務局長が協議して病院の存在の在り方と方向性の具体化が進められて，病院改築計画は進められていった。健康講座は当院の目玉行事として進められており，第 7 回健康講座は延べ 407 人が参加している。1986 年は，第

二次三カ年計画が始まっている。この年の健康講座は，整形外科の病気をテーマに開催されている。1987 年は，病室の鉄製窓枠をアルミサッシに取り替える工事を行っている。人事異動で桑原看護部長が退任して，内部昇格で副看護部長から吉村京子看護部著が就任している。1988 年に，上海列車事故の高知学芸高校 5 人を収容して治療に当たり 1 カ月足らずで退院させている。

　1989 年に病院改築建設が始動している。病院建設推進委員会が発足している。病院建替え 1979 年からの問題であり，移転しての建替え等が検討されたが，20 数回の調査と協議の結果，病院運営を続けながら正面玄関側に建物を建設する案に基づき建設が開始している。これに伴い 1979 年に設置した病院建設準備室は病院建設推進室に改められ，具体的な建設に向かって進んでいる。この年 12 月末に 11 年間院長を務めた二本杉院長が退任して，後任に京都大学医学部長の内野治人教授が院長に就任している。

　1990 年に内野院長は新年のあいさつで，当院は高次機能病院を目指し，高品質の医療を提供して新しい病院を作り上げるべきことを言及している。この年に中矢管理局長が退任して後任に大阪府より西村健市管理局長が就任している。内野院長になって初めての OB 医師懇親会の博心会が開かれ 57 名が参加している。新しく会則をつくることになり，大阪赤十字病院博心会会則の原案が提案されて，博心会は病院の正規の会として発足している。病院建設推進室に大阪府から転じた内矢栄室長が専任として就任している。1991 年の新年のあいさつで，病院建設について本社と大阪府支部と協議して資金の目途もつきつつあると言及している。健康講座は胃腸の病気がテーマで患者家族他 285 人が参加している。博心会は会則もできて会員は 100 人超となっており，当院 OB 医師と地元医師会と当院の医療連携強化を図ることは目的である。1992 年 4 月に病院機能強化 3 カ年計画を策定している。その中に「外来運営委員会」があり，外来診療システムの改善策を模索することになっている。管理局内に谷口業務部長の発案で勉強会が開始している。1993 年は，大阪市内住之江公園駅での電車追突事故発生に伴い，救護班を編成し現地で救護に当たっている。この年の博心会は学術講演と総会が行われ 71 人が参加しており，医療連携が進められている。1994 年に心臓外科を開設し，心臓内科と会わせた心臓血管センターが開設されている。博心会は 68 名が参加し，人工肝臓について

の発表があった。

　1995年の阪神淡路大震災に際して，当院は直ちに災害医療救護本部を設置して，救護班を編成して神戸赤十字病院に医師・看護師・事務職を派遣して救護活動に従事している。この年に病院の改築計画が発表されている。その計画は，第一期前半工事は看護婦寮を撤去してその跡地に地下1階，地上7階建ての病棟を建設し，次に中病棟を撤去して，地下2階，地上11階建ての病院本館を建設し，最後に，北病棟跡地に，本館部門に結合する形で地下2階，地上11階建ての病棟と管理部門を建設するものであった。

　1996年に内野治人院長が退任して，清水達夫副院長が院長に就任している。清水副院長は1969年以来当院に勤務している肝臓学会専門医であった。さらに吉村京子看護部長が退任して金崎玉恵看護副部長が看護部長に就任している。この年から病院の改築工事が始まり，看護婦寮の解体工事が始まっている。第一期工事工期は1996年6月から1998年3月までであった。看護婦寮の解体により，新A棟の新築工事起工式が10月に行われている。

　1997年は，西村健市管理局長が退任して後任は谷口昇業務部長が昇格して管理局長に就任している。谷口局長は病院開設以来，初めて生え抜き職員として局長に就任している。創立88年の記念式典において清水院長より「創設当初，内科，外科，産婦人科，眼科の4つの診療科と200床の病床でスタートし，大正年間には，病棟の増築と診療科の拡大を成し，昭和初期，現在の南，中，北病棟が新築され，大病院としての体制が整い，風格を備えたのであります。その後，戦争中には陸軍病院となった期間もあり，戦後は駐留米軍に接収されて，各地の分院に分散した苦難と試練の時期もありました。昭和34年には現在の外来部門，中央診療部門を収容している本館の完成を見，着実な発展をして参りました。待望の改築ですが，新A棟の鉄骨の組立が完成に近づき，来年の創立記念の頃は，病棟の移転が始まっている頃かなと考えております」と当院のこれまでの歴史を振り返るとともに今後の建築計画について述べている。新A棟の病床数は1階から7階まで各55床で合計385床であり，各科別に病床数が割当てられ，呼吸器科129床，内科123床，外科56床，耳鼻科51床，その他の科合計26床となっている。この年の決算は黒字計上であった。

　1998年に新A棟が完成して，3月に松下記念講堂で東病棟竣工記念式典が開

催され，4月に東病棟への移転が終わっている。引き続き第二期工事として，中病棟，北病棟を撤去してその跡に新たな11階建ての病室と管理棟と外来棟の二棟の建設計画を進めている。院友会総会で会則が改正された。内容は，院内の人間関係の風通しを良くすることを目的にこれまでの文化部，体育部に加えてリクレーション部の新設が図られたものである。この年の収支は3億1千万円の黒字計上となり3期連続の黒字計上となっている。

1999年は当院創立90周年の年であった。清水院長の新年のあいさつは，21世紀の医療をどのように迎えるかについて他に，東病棟が完成し稼働を始めたことと併せて，中病棟，北病棟跡地の建設が少し遅れている利用として資金面の問題と基本計画の見直しに時間が掛かっていることを述べている。4月に平成11年重点対策「二十一世紀への病院目標に向かって」を策定している。その内容は，改築計画の後半設計，早期着工に決断について，改築資金の借入計画を円滑に進めるためには健全経営が絶対条件であり，病院機能の中枢部分の改築に当たっては医療制度改革を先見し，本院の診療機能を洗い直し，二十一世紀を生き抜く病院にしなければならない，と述べ，(1) 病院の基本方針　質の良い医療サービスを効率的に提供することを目指して，ソフト，ハード両面から構造的に改革を加え，経営の安定した高度医療を目指す。(2) 病院改築の前進　(3) 医療機能の充実　(4) 患者サービスの向上　(5) 経営の健全化と運営体制の見直し　(6) 職員の意識改革と人材の育成　(7) 付帯事業の改善(8) 其の他　安全管理，社会管理，相互会運営等について具体的に数字をあげて説明したうえで，職場毎に会議で周知徹底を図り，各職場で実行に移していった。この年はコンピューター西暦2000年問題（Y2K）があり，年末年始にかけ院長，副院長，研修医2人，事務局長，事務部長他が院内待機した他，各部も当直者が対応する方針であったが，何事も起こらずに無事に新年を迎えている。

2000年の年頭あいさつで清水院長は，21世紀を目前に医療が転換期を迎える中での医療人の心構えを述べた後に，改築，時期工事について，中病棟撤去後に残る二棟を一括して一挙に建てる施工計画である旨を述べ，職員一同の熱意に応え，新しい病院建設への仕上げに踏み出すことを表明している。

大阪赤十字病院は2000年の夜明けとともに新しい時代に突入しており[5]，

「大阪赤十字病院九十年史」記載以降の時代を迎えている。

5 『大阪赤十字病院九十年史』p.215 に記載

事例⑤

東京都済生会中央病院　組織の発展

1. 社会福祉法人恩賜財団済生会について

　社会福祉法人恩賜財団済生会は，明治天皇から勅語と下賜金を頂戴して創設されている。設立以来皇室からの庇護と援助を受けており，本会の名称には恩賜財団が冠せられており，これは皇室からの下賜金を母体に設立された財団という趣旨がある。尚，本会の設立に際して明治天皇から「この事業は自分ひとりで行うものではない。国民とともに行う事業である。したがって恩賜財団の4文字は改めるように」と言われて，恩賜財団の4文字を2行に小さく分かち書きにしてようやくお許しを得たとのエピソードが伝わっている[1]。

　明治天皇の済生勅語において，「無告の窮民」に対して「済生救療」の道を開くと言われている。ここで「無告の窮民」は，自分の主訴を医師等に的確に伝える知識と技術を伝えることの出来ない，自分が困っている状況を伝えて，どうして欲しいかを自分の言葉で訴えることが出来ない人である。訴えるすべを持たぬ困窮者相手のサービスが済生勅語に期待されたサービスであるとしている。

　1911年2月11日に，明治天皇は桂太郎総理大臣を招き，済生に関する勅語を述べられて，14日に150万円の下賜の沙汰があった。桂総理は閣僚と協議の結果，済生勅語の聖旨を具現化して，財団法人を設立し全国有志の寄付を加えて救療事業を行う方針を決定して，平田東助内相と準備に当たったことが恩賜財団済生会設立の経緯である。4月の地方長官会議において設立趣意書と協

1　「済生会この十年」p.20とp.27に記載

賛趣意書が発表され各地方長官に協力が求められ，5 月には各地方長官に任地
における募金の依頼を行うとともに，官邸に財界人を招き協力を要請してい
る。

　このような経緯を経て 1911 年 5 月 30 日に恩賜財団済生会は民法の規定によ
る財団法人として設立されている。発足当初の役員は，総裁伏見宮貞愛親王，
会長桂太郎，副会長平田東助，理事長大谷靖であった。済生会の発足は，勅語
の聖旨を具体化すべく首相が発起人となりご下賜金を基に財団法人を設立する
という国家事業のようなものであった。

2.　済生会の歴史

事業の開始

　設立時の基金は，下賜金 150 万円とその利子による 151 万 2,360 円であり，
その後の寄付金を合わせて 2,585 万円になっており，この基金を用いて事業を
始めている。1911 年に財団法人は設立されたが具体的な救療事業は翌 1912 年
から始まっている。さまざまな議論の結果は，東京市は本会直轄として一般的
に診察券を発行し委託診療の方法を取って，漸次全国枢要地に病院または診療
所を設置することになった。

　救療事業の具体的な方針は，① 地方長官は官公立病院等に救療を委託して
医師会等と協議して救療を委託する医師または私立病院を定めること，② 大
都市では配当した金額の範囲内で診療所または巡回診療班のような簡易施設を
設けること，③ 疾病に関する共済事業に対して適宜補助金を出すこと，④ 救
療を要する者に，本会所定の施療券を交付すること，⑤ 救療の要否は当該吏
員の認定によるもの，⑥ 救療料金は適宜に定めること，等であった。

創立から第二次大戦終戦まで

　設立の 1911 年以降，第一次大戦（1914 年から 1917 年），関東大震災（1923
年），昭和恐慌（1927 年から 1929 年），満州事変（1931 年），日中戦争（1937
年〜）第二次大戦（1939 年から 1945 年）までは日本史上の激動の期間で

あった。

　創設以来，診療体制の整備に努めており，1936年時点の医療施設は，東京市は2病院，6診療所，府委託の22診療所，を有し，地方は12病院，36診療所，結核療養所2施設を有していた。

　1923年の関東大震災後の東京は診療機関が極度に不足しており，中産階級の人たちも診療機会が得られない状態であったため，本会はこのような人々に対して有償診療制度を設けて対応しており，東京内病院では継続して行われていた。昭和に入り本会の事業普及に伴い本会の診療券の交付される人々も増えており，少額の治療費は負担できる人も含まれていた。1932年以降は東京内直営病院において，患者を第1種，第2種に区分して，1種は従来通り全額無料で，2種は少額の薬価を徴収することにし，1934年から全国でこの制度が実施された。

　済生会は，平時は生活困難者の施薬救療に努めるほかに，天災・人災の災害に際しても臨時救護班の出動等を日本赤十字社の活動と同様に行っている。災害派遣は桜島大爆発，秋田県地震，東京風水害，関東大震災，北丹震災，北伊豆地震，三陸地震，函館火災，近畿暴風雨等に出動している。

　済生会の事業の特色である巡回看護は，震災救護の中で始まったものであり，次第に全国に普及し，現在の訪問看護と同様の看護等を行っている。巡回診療は診療施設の不足を補うかたちで行われていた。そのほかに大正年間に医療社会事業を東京と大阪で始めており，1920年に大阪府病院（現中津病院）では，患者慰安会が設置し入院患者の物心にわたる世話を行い，1926年に芝病院（現済生会中央病院）では，患者の相談や，退院後の世話，患者家族の世話等が行われていた。

　済生会の支部制度は1936年に設けられている。済生会の支部は事業資金の寄付金の督促や新規寄付金募集を任務としており，救療事業は地方庁に委嘱した。支部は道府県を単位として市長村単位に委員部を置くこととされた。支部が募集した寄付金の取り扱いは65％以上を地方庁に納めて救療事業に充て，10％以上を会員章製作費として本部に送付し，25％以内は支部費に充てることとされていた。これ以降，支部は募金を含めた活発な活動を展開して，病院・診療所の設立交渉，無医村の巡回診療班の編成，災害救護班の出動，各種行事

の実施などの実質的な業務を行っている。

戦後から創立 50 周年（1961 年）まで

　この期間は，創立時以来の事業運営が終焉して，今日の社会福祉法人恩賜財団済生会が成立して発展していく時期であった。第二次大戦により済生会は病院 17 施設，診療所 40 施設が全焼して全施設の 3 分の 2 以上を焼失している。1945 年の「生活困窮者緊急生活援護要綱」により戦災者等への救護に対応したが，本会も創設の使命である医療救護の全うに努力している。1946 年，1947 年に国庫補助を受けて戦災を受けた施設と罹災者の救急医療に当たっているが，復旧した施設は病院 11 施設，診療所 14 施設であった。

　1946 年の生活保護法によって医療保護事業者の立場を失っている。GHQ 指令による公私分離原則からの公の援助消滅もあり済生会は存亡の危機にあった。結局，済生会は独立自営の一民間社会事業団体として歩む道を選択している。1949 年寄付行為の改正が認可となり，財団法人済生会に変わっている。本会の設立趣旨は継続しているが，皇室との関係の条項を削除したこと，施設の独立採算制を原則としたため地方の自主性を大幅に認めている。

　1951 年に医療法に基づく公的医療機関開設者の指定を受けている。これにより社会保険診療の協力，公衆衛生，予防への協力が要請されたが，医療機関としての内容整備向上，医療計画への協力が求められるようになった。同年の社会福祉事業法の制定により，済生会の行う乳児院，虚弱児施設，肢体不自由児施設は第 1 種事業となり，医療事業と助産事業は第 2 種事業となった。医療事業は，生活困難者のための無料または低額料金で診療を行う事業として，社会福祉法人として事業を継続することが確認された。

　1952 年 5 月に社会福祉法人の認可を受けている。新しい定款では本会の名称を，社会福祉法人恩賜財団済生会，と定めており，社会福祉法人であり公的医療機関の開設者である今日の済生会が再出発することになった。

　災害救護事業は，戦前から行われていたが，1957 年の諫早市の水害，1958 年の伊豆風水害，1959 年の伊勢湾台風，1960 年のチリ地震津波などの災害救助に当たっている。

創立 50 周年から創立 90 周年（1961 年～2001 年）

　この期間は戦後の高度経済成長の時代からバブル経済を迎えた後，バブル崩壊により景気低迷期を迎えた時期であった。この間の社会保障制度の動向は，国民皆保険（1961 年），老人福祉法制定（1963 年），児童手当法制定（1971 年），福祉元年の諸改定（1973 年），老人保健法制定（1982 年），ゴールドプラン策定（1991 年），介護保険法制度（2000 年）などが行われている。

　済生会にとってこの期間は，社会福祉法人であり公的医療機関であるというあり方が定着した事業の展開期に当たっていた。近代的な医療施設への質的転換を進めるとともに，病床数増加などの量的拡大も同時に進行した。戦後の施設数の推移は，1944 年は 31 病院・病床数約 1,600 床であり，1951 年は 42 病院・2,542 床，1961 年　は 67 病院・10,384 床，1971 年　は 70 病院・14,113 床，1981 年は 65 病院 16,608 床，1991 年は 72 病院・20,044 床であり，2001 年は 76 病院・22,092 床と漸増している。

　この期間における病院経営はほぼ 10 年毎に危機を迎えており，1971 年から 1974 年の 4 年間と 1981 年から 1984 年は済生会全体の収支は赤字を計上しており，1991 年から 1993 年も厳しい経営を余儀なくされている。

　1960 年代後半から統一的な指針づくりの機運が高まり，1973 年に「基本問題懇談会」が設置され済生会のあるべき意義について検討が行われた後，1976 年に「基本問題委員会」が設置されて 1979 年に答申を出している。その内容は，済生会の活動を，社会福祉法人としていわゆる無料低額診療他の社会福祉事業を行う一方で公的医療機関として高度不採算医療を始めとする医療活動を行っていると述べたうえで，重点的に取り組む事業として，救急医療，予防医学，へき地医療，休日診療，老人福祉，医療社会事業，健康教育の 7 項目を挙げている。1990 年の答申では，保健・医療・福祉の総合推進，済生会ケアシステム，海外協力福祉・医療事業，人材育成，済生会資源バンクの 5 項目を基本姿勢の柱としている。

　1998 年の定款変更認可に際して，無料低額診療の基準の遵守，ネットワークを形成して無料低額診療事業者の発展の寄与，医療社会事業に関する先駆的事業を積極的な実施，地域における保健・医療・福祉の総合的サービス事業等についての先駆的な取り組みの 4 条件が付されている。

　社会福祉事業としての無料低額診療事業は社会情勢の変化で役割と位置づけは変化するが，いつの時代でもさまざまな要因から医療に恵まれないグループは存在する。このようなグループに手を差し伸べ必要な医療を提供することが済生会の創立の精神であり，社会的使命である。と述べている。

済生会の皇室との関わりと歴代総裁，会長，理事長について[2]

　済生会は，明治天皇の済生勅語と下賜金によって設立されていることから，皇室とのかかわりは深く，創設以来の記念式典には，皇族が行幸している[3]。① 創立15周年記念式典（1926年）は貞明皇后（大正天皇妃）の行幸を仰ぎ日本青年館で行われている。② 創立25周年記念式典（1937年）は香淳皇后（昭和天皇妃）の行幸を仰ぎ憲法記念館で行われている。③ 創立30周年記念式典（1941年）は香淳皇后の行幸を仰ぎ憲法記念館で行われている。④ 創立36周年記念式典は香淳皇后の行幸を仰いだうえで簡素に行われている。⑤ 創立50周年記念式典は昭和天皇の行幸を仰ぎ社会事業会館で行われている。⑥ 創立70周年記念式典は昭和天皇の行幸を仰いで明治神宮会館で行われている。⑦ 創立80周年記念式典は天皇皇后（現上皇上皇后）の行幸を仰いで明治神宮会館で行われている。⑧ 創立90周年記念式典は，天皇皇后（現上皇上皇后）の行幸を仰いで明治神宮会館で行われている。

　歴代の総裁は皇室が就いており，初代総裁は伏見宮貞愛親王（陸軍元帥）であり，2代目総裁は閑院宮載仁親王（陸軍元帥，日本赤十字社総裁）であり，第3代総裁は高松宮宣仁親王（昭和天皇弟，日本赤十字社名誉総裁）であり，第4代総裁は高松宮妃喜久子殿下（高松宮妃）であり，第5代総裁は寛仁親王（三笠宮親王長男）であり，現在の第6代総裁は秋篠宮文仁親王（今上天皇弟）である。

　済生会の会長は，初代桂太郎（総理大臣）の後，第2代徳川家達（貴族院議長，日本赤十字社社長），第3代松平頼寿（貴族院議長），第4代島津忠重（元公爵），第5代潮恵之輔（枢密院副議長・内務大臣），第6代赤木朝治（日本赤

十字社副社長，内務次官）で戦後の変革期を迎えて，一旦は財団法人への改組
を経て社会福祉法人恩賜財団済生会として再出発しており，第 7 代足立正（日
本商工会議所会頭），第 8 代永野重雄（日本商工会議所会頭），第 9 代稲山嘉寛
（経済団体連合会会長），第 10 代斎藤英四郎（経済団体連合会会長），第 11 代
平山外四（経済団体連合会会長），第 12 代豊田章一郎（経済団体連合会会長），
第 13 代有馬朗人（元東大総長，元文部大臣）であった。

　平成以降の理事長は，牛丸義留，翁久次郎（元厚生事務次官），山下眞臣
（元厚生事務次官），幸田正孝（元厚生事務次官），炭谷茂（環境事務次官）が
就いている。

　このように，済生会は総裁に歴代の皇族が就いており，会長は，戦前は政界
重鎮を，戦後は経済会重鎮を抱き，理事長には厚生行政の重鎮が就任してい
る。

3.　東京都済生会中央病院の歴史

　東京都済生会中央病院は東京都港区三田 1 丁目に所在している。病院の総病
床数は 535 床であり 1,283 名（令和 3 年 4 月現在）が勤務している。

　診療科は，35 診療科を有している。建物は，主棟は鉄骨鉄筋コンクリート
造り，地下 1 階地上 14 階であり，北棟は鉄骨鉄筋コンクリート造り，地下 1
階地上 7 階であり，外来棟は鉄筋コンクリート造り，地下 1 階地上 4 階であ
る。

　病院の理念は，「「済生の精神」に基づいた思いやりのある保健・医療・福祉
サービスの提供を通じて社会に貢献します」（「済生の精神」とは，分け隔てな
くあらゆる人々に医療・福祉の手を差しのべること）。

済生会病院創設の経緯
　1912 年 4 月に，地方長官会議開催を機に，救療事業実施について各地方長
官と協議の結果，全国的な規模で済生会の救療事業を実施することを決定し，
全国各県都市に，済生会の病院や診療所を設置することを定めている。これが

済生会中央病院設立に繋がるものであった。

　1914年6月の済生会評議委員会（済生会の議決機関）において，東京市内の適当な地での病院建築を決議した。既に東京市内の本所他数カ所に診療所を新設していたが，入院治療を必要とする患者を収容できないため，交通至便で療養に適する地に病院の建築を企画した経緯にある。旧有馬藩邸跡の大蔵省所管の芝赤羽橋近くの土地約11千坪を借用して，この地に木造2階建の病院を新築することになり11月に起工している。

　1915年4月にほぼ竣工して8月に警視庁から病室使用の認可がおりている。10月に北里柴三郎博士が院長に，伊丹繁博士を副院長に任命し，その他病院配置医師の人選を終えていた。11月1日より180床で診療を開始し，12月1日より済生会病院として診療を開始している。開院時の診療科は，内科，小児科，外科，産婦人科，皮膚科，泌尿科，耳鼻咽喉科，眼科であり，後にレントゲン科の増科されている。人員は，院長，副院長，専任医師11人，兼任医師9人，医務参与1人，医務嘱託1人，調剤員2人と事務員2人他若干名であった。新築病院施設の建坪は2,471坪で診察室，事務室，レントゲン室，手術室，

図表⑤-1　済生会病院開設時の組織図

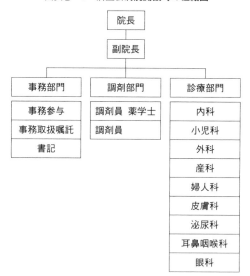

出所：「東京都済生会中央病院五十年史」pp.3-5記載より筆者作成

炊事室，機関室，病棟，薬品庫，倉庫，看護婦宿舎を擁していた。

　開設当初の看護婦は，日本赤十字社から招聘した経験豊富な南条看護婦長を筆頭に有資格者約60人を選考のうえ採用している。尚，開設当初の看護婦は人員が少なく長時間勤務が常態しており過労のために退職するものが多数いたようである。

　1916年2月に済生会病院看護婦養成所規定が決定し4月に看護婦講習所開設認可を受けており，同所卒業者は無試験看護婦免状下付となっている。看護婦養成所の設置について，次のような記載がある。「済生会の病院に勤務する看護婦は，医療技能の他に済生会の使命を理解して社会奉仕として救護に従事する女性を希望しており，当初から済生会精神を吹き込み，自らこれに共鳴する良き看護婦の養成を目的として開設したものである」。

　5月に本院開院式典を挙行に際して，総裁の伏見宮貞愛親王と一木喜徳郎内務大臣が招かれ祝辞を述べている。11月にレントゲン科を増設している。

開院3年目以降から関東大震災まで（1917年〜1923年）

　1917年1月に貞明皇后から入院患者103人に反物が下賜されている。2月に桂太郎公爵記念事業会（桂太郎は初代会長で1912年逝去）から寄付金を受けて，桂公爵記念病床15床を設置し6月から患者の収容を始めている。3月に医員見習制を設けており，6月に主任会（現医科長会議）を開催している（以後毎月開催している）。10月の東京市東部大風水害に際して救援班を編成している。済生会の災害救助活動は，創立の使命によって，平時は窮民の医療救護に努力しながら常に天災人災に対処するために非常救護班の編成を怠らず，災害発生に際して救護班現地派遣等を講じている。12月に貞明皇后が初めて本院への行啓御巡視があった。看護婦主任会議もこの年に開催され以降継続して行われている。

　1918年に診療科の主任医員制を医科長制に改めており，結核科を新設している。

　1919年6月に第1回看護婦見習生（7人）卒業式を挙行している。12月に貞明皇后から入院患者への反物と，診療班員に金一封が下賜されている。

　1920年に，看護婦服務規程の制定，済生会病院処務規定の改正，産婆服務

心得の制定，看護婦寄宿起居心得の制定などが行われている。2月に第2回看護婦見習生11人が卒業し，7月に第3回看護婦見習生8人が卒業している。

　1921年は，7月に第4回看護婦見習生6人が卒業し，9月に結核科の廃止，伊丹繁副院長が辞任し，本院付属芝診療所が廃止している。

　1922年は，5月の済生会創立記念日に看護婦4人が表彰されており，7月に第5回看護婦見習生11人が卒業している。

　1923年7月に北里院長が退任し，大谷彬亮院長が就任している。同月に第6回看護婦見習生9人が卒業している。

　開院後から関東大震災までは，病院内のさまざまな規定が制定されており，併せて看護婦見習生の教育などが行われており病院内の体制整備が行われている期間であったと捉えられる。

関東大震災から終戦まで（1923年〜1945年）

　1923年9月1日の関東大震災により，済生会本会事務所，済生会病院，分院，横浜病院が大破し，深川，浅草，本所，下谷の各診療所は全焼している。同月の臨時役員会により臨時救療事業施行により済生会病院を臨時赤羽病院として施設拡張に着手している。9月から10月に総裁宮，久邇宮妃，貞明皇后のお見舞いによる来院があり，皇族宮家より入院患者77名への袷衣の下賜があった。

　臨時拡張工事によって病床数は180床から臨時病床として329床となっている。乳児院事務所を開き，歯科診療を開始し，乳児院建築を起工している。

　尚，震災10年後に斎藤実首相より病院職員の救護活動に対して感謝状が贈られている。

　1924年は，1月に乳児院が開院しており，2月にフランスが寄贈した病院を開院し6月には閉鎖している。6月に臨時赤羽病院と臨時乳児院を閉鎖し震災臨時事業は廃止している。同月に済生会病院有償診療に関する件が決定し，7月に赤羽乳児院を80床，麹町分院110床，臨時赤羽病院を250床に減らして経常費経営となっている。第7回看護婦見習生11人が卒業している。12月に皇室より結核病棟増設のための下賜金を戴き，貞明皇后より乳児院施療患者33人に下賜品が下されている。

　乳児院の創設は，震災に際して妊産婦を一時的に収容する設備急設の必要性から病院内にバラック建物を急造して，妊産婦を収容して出産，母子の医療手当を施している。その際の掲示板に書かれた文は次のようなものである。「罹災者へ　病気で御困りの赤ちゃんをおつれ下さい　診療も入院も無料で出来ます　育児の御相談にも応じます　恩賜財団済生会　芝区赤羽橋際　臨時赤羽乳児院」。開設当時の乳児院は小児科の入院患者と保育時を取扱い定員150人で143人を収容したことがあった。職員は医師8人，看護婦27人他で総勢71人であった。

　1925年は，1月に済生会病院処務規定の一部改正があり，レントゲン科を処務規定により理学診療科と改称し，歯科を新設している。2月に看護婦養成所規則を一部改正している。4月に「なでしこの会」設立，5月に病院医学雑誌講読会を開催しており，以後毎月1回予定で開催している。7月に乳児院を芝病院付属乳児院としており，外来患者への訪問看護を行っている。第8回看護婦見習生11人が卒業している。9月に乳児院は独立して赤羽乳児院と改称している。

　1926年は，3月に第9回看護婦見習生14人が卒業している。9月に従来の医務雇を研磨手，マッサージ手，レントゲン助手と改正している。10月に炊事を直営としている。

　1927年は，1月に病棟改称（第一病室を第一病棟，第4病室を第5病棟など）を行っている。3月に殉職した看護婦追悼会を行っており，4月に第10回看護婦見習生15人が卒業している。12月に第1回官公私連合歳末夜間無料診療（15日〜30日）に参加している。

　1928年は，1月に済生社会部日常品販売部を開設し，3月に新病棟が落成し，第11回看護婦見習生11人が卒業しており，4月より新病棟に患者の収容を開始している。7月に望月圭介内相が本院を視察している。8月に済生社会部「喜捨袋」の頒布を行い，11月に天皇陛下即位大典京都行幸につき宮城外苑に臨時救護班特設を行っている。11月に入院患者に大典奉祝菓子贈与があり，12月に朝日新聞社から入院患者に慰問袋が配布されており，東京市即位大典奉祝会に6救護班が出勤している。

　1929年は，1月に芝増上寺社会部の慰問を受け，赤羽乳児院5周年記念患者

慰安会を行っている。3月に第12回看護婦見習生16人が卒業している。5月に麹町分院が移転し，牛込済生会病院と改称している。7月に安達内相の視察，9月に閑院宮総裁の本院乳児院の視察と入院患者に対する御菓子の下賜があった。12月に歳末夜間診療打合せと巡回看護婦体験を聞く会が行われている。

　1930年は，1月に乳児院に撫子の会より寄付金があり，「巡回看護婦の仕事」を頒布している。2月の済生会全国病院長会議に病院長が参加している。3月の帝都復興祭に市内9カ所救護所を設置し。4月に第13回看護婦見習生が卒業しており，汽缶室（鉄筋コンクリート建82坪）の竣工を行っている。乳児院の改築に関して以下の活動があった。6月に乳児院改築に関して会長より寄付依頼文を送付して，理事長より社会局長官に助成金交付申請を行っている。7月に皇后陛下より乳児院改築に1万円の下賜があった。8月に理事長から東京府知事に補助申請を行っている。12月に乳児院改築地鎮祭後に着工している。その他11月に本院開院15周年記念式を挙行しており，その後に結核科を復活新設している。

　1931年は，3月に第14回看護婦見習生9人が卒業している。5月に患者の少額自弁を開始しており，三里塚への看護婦慰安旅行を行っている。6月に北里柴三郎医務主監が死去しており，三田稲門会野球戦による病棟建築資金の寄付があった。薬価1日5銭，入院料1日50銭の少額自弁に関する規定を決定している。8月に乳児院の上棟式があり，12月に乳児院が竣工している。12月に大谷院長が退任して，秋吉副院長が院長に就任している。

　1932年は，1月に救護法実施に伴い単に委託のみを引き受けることに決定している。3月に第15回看護婦見習生18人が卒業している。4月に平塚海岸に看護婦慰安旅行を実施している。乳児院と付属産院の新築開院式に総裁代理の梨本宮殿下が来院している。小児科と産科を乳児院産院に移している。病院処務規定中改正が行われている。5月に乳児院の診療を開始している。6月に救護法委託患者の収容が開始している。6月に本院を改称しており，恩賜財団済生会病院から芝恩賜財団済生会病院となっている。11月に乳児院産院の巡回看護班が活動を開始している。12月に三田稲門記念病棟（平屋建坪112坪）が落成している。大谷彬亮院長が辞任して秋吉辰三郎院長が就任し，副院長に高雄徳龍医師が就任している。この年に本院看護婦服装の改正と助産婦実施講

習会が開設している。

　1933 年は，1 月に深川猿江診療所にトラフォーム治療のため 3〜4 カ月医師を派遣している。2 月に済生社会部託児所を開設している。第 1 回看護婦講話会が貴族院議長官邸で開催されており以降継続して行われている。3 月に第 16 回看護婦見習生 23 人が卒業している。11 月に東京市内臨時健康相談所を開設している。12 月に済生会部託児所を院内に移設している。

　1934 年は，2 月に医療法の改正によって診療科の呼称を，結核科を呼吸器科へ，物理的診療科を物理療法科へ，皮膚泌尿器科を泌尿生殖器病科へと改称している。3 月の函館市大火に際して救護班 11 人を派遣している。第 17 回看護婦見習生 19 人が卒業している。9 月に満州国宮内府内務処長外 2 人が病院乳児院を参観している。12 月に乳児院にレントゲン機械一式を購入している。

　1935 年は，3 月に本館改築工事地鎮祭と本館別館の地鎮祭を行っている。4 月に第 18 回看護婦見習生 14 人が卒業している。7 月に本院名を，芝恩賜財団済生会病院から恩賜財団済生会芝病院と改称している。8 月に芝病院別館が落成している。9 月に本館の一部改築にため新築別館に外来診察室と事務所を移転している。10 月に整形外科を新設している。11 月に主任看護婦会，主任徽章の制定，病院歌の制定があり，創立記念日運動会開催を決議している。12 月に秋吉院長が退任して，高雄徳龍副院長が院長に昇任している。

　1936 年は，2 月の 226 事件に際して衛生局主脳部と打ち合わせ，病院内に救護班が待機している。3 月に本館改築を起工している。4 月に第 19 回看護婦見習生の卒業式を行っている。7 月に看護婦養成所の名称を恩賜財団済生会芝病院看護婦養成所と改称している。防火演習，搬送救命袋降下演習を行っている。10 月に一般附添婦を廃止している。12 月に病院本館が竣工している。

　1937 年は，3 月に皇后陛下より乳児院嬰児に牛乳の下賜があり，第 20 回看護婦見習生卒業式があった。4 月に訪日中のヘレンケラーより乳児院に花束寄贈があった。7 月に第 1〜第 3 病棟第二期改築工事が竣工している。日中戦争の開始により 7 月に事務員 1 人，8 月より医師 4 人，看護婦長 1 人が応召している。9 月に徳川会長から患者へ慰問品の贈呈があった。

　1938 年は，前年の日中戦争勃発により職員の応召が相次いでおり，1 月調剤部員 1 人，2 月医師 2 人，3 月医師 1 人，5 月医師 1 人，6 月医師 1 人，8 月医

師1人，9月2人，10月1人計10人が出征している。2月に巡回看護婦と警視庁健康指導婦との懇親会があった。3月に第21回看護婦見習生が卒業しており，看護婦養成所の組織変更があった。4月に産院の独立と乳児院に小児科病院を新設している。看護婦養成所学則の警視総監より認可を受けて，恩賜財団済生会看護婦養成所に改称している。5月に看護婦養成所に保健婦養成所を設置している。6月に済生会看護婦養成所規則改正があった。7月に水害に対する救護班を東京府内江東浸水地と茨城県に派遣している。8月に健康相談部規定を施行している。

　1939年は，3月に看護婦養成所学則一部変更認可があり，看護婦養成所顧問参与打合会，第22回看護婦養成所卒業式が行われた。5月に看護婦養成所教室講堂寄宿舎の新築着工があった。9月に済生会東京府医療救護軍事委託病院入院要項通達があった。12月に巡回看護婦補習会があった。

　1940年は，2月に看護婦養成所庶務細則一部改正があり，3月に昨年着工した看護婦養成所新築落成式が行なわれている。4月に巡回看護婦補習会が行われている。6月に巡回看護婦と助産勤務概要が定められている。9月に銃後奉公強化運動に参加している。10月に再生社会部退院患者の一時宿泊所の設置企画があった。10月に結核予防会主催の結核予防看護婦講習会に病院，乳児院，看護婦養成所から職員が出席している。12月に病院の開設25周年記念式典で17人が表彰されている。結核病棟の地鎮祭が行われている。

　1941年は，3月に改組した看護婦養成所の第1回卒業式が行われている。5月に天皇皇后より下賜金があった。7月に内科医師1人が応召している。9月に済生会直営診療機関医療券取扱内規通達が出ている。10月に本年公布の医療保護法によって済生会直営施設の承認を府知事から受けている。済生会直営診療機関患者一部負担金収納規定が制定されている。12月に少額自弁患者取扱診療券に関する通牒が出ている。

　1942年は，1月に結核病棟の竣工し2月に落成式が行われている。3月に看護婦養成所規則の改正の認可を受けている。第2回看護婦養成所卒業式と訪問看護婦適格証の授与が行われている。6月に看護婦養成所専攻科を保健婦養成所として認可があった。巡回看護婦に関して7月に座談会があり，9月に27人が茅ヶ崎南湖院を見学し，11月に講習会が行われている。

　1943 年は，1 月に皇后より産院に木炭の下賜があった。1 月 2 月に東京府大島支庁の島嶼巡回診療が 20 日間 2 班で行われている。3 月に第 3・4 回卒業看護婦第 1 回専攻科卒業式が行われている。4 月に理学科員 1 人が応召している。5 月に満州国社会事業研究生 10 人が見学に訪れている。6 月に戦時保健婦練成会として病院乳児院小児科病院産院で 24 人の実習があった。8 月に三宅島へ巡回診療があった。9 月に都下女学校上級生徒への看護実習指導があった。産院で巡回産婆補習講義があった。10 月に巡回産婆が始まり芝，京橋，日本橋，神田へ各 1 人が巡回した。

　1944 年は，1 月 2 月に応召した医師 2 名が帰還している。3 月に第 5 回看護婦養成所 32 人，第 2 回本科 21 人，所外専科専修生 7 人の卒業式が行われている。医師は 7 月 2 人，9 月に 2 人が応召している。

　1945 年は，3 月に医師 2 人が応召し，5 月に 2 人が応召しており，済生会直属東京診療機関の応召者は 67 人であった。5 月 25 日の空襲により大型焼夷弾の直撃によって病院建物 2/3 以上が焼失している。入院患者は 91 人であり，警報と同時に防空壕に避難している。罹災後直ちに乳児院と産院の一部で診療を開始している。

　8 月 1 日に各科の大半を別館に移して診療を開始している。10 月に東京都巡回恩賜診療に参加し，11 月に上野駅浮浪者の診療を行い，12 月に看護婦養成所戦時特例第 4 回保健婦卒業式が行われている。

　関東大震災から終戦までの期間は，震災に際しての災害救助と妊産婦に対しての乳児院での診療を行っている。その後の日中戦争以降終戦までに病院職員の応召者は，1937 年 6 人（医師 4 人，看護婦 1 人，事務員 1 人），1938 年 11 人（医師 10 人，調剤員 1 人），1941 年医師 1 人，1942 年医師 1 人，1943 年は技手 1 人，1944 年は 9 人（医師 7 人，技手 2 人），1945 年は 3 人（医師 1 人，技手 2 人），応召年不明者 5 人（医師 4 人他 1 人）で病院勤務者 40 人程が応召し 2 人が戦死している。終戦の年 5 月に空襲により病院建物も焼失しているが，診療は行っていた。

終戦以降（1945 年～1965 年）

　1946 年は，1 月に看護婦宿舎で出火している。3 月の GHQ 主催看護婦素質

向上説明会に看護婦長が参加している。看護婦養成所 14 人専攻科 24 人の卒業
式があった。看護婦養成所規則特例の廃止があった。6 月に本院復興に関する
根本方針に医科長会議が開催されている。7 月に罹災復興に関して東京都に補
助申請を行っている。10 月済生会直営診療機関有償診療規定を役員会で決定
している。12 月に武井理事長が会長代理として皇后に終戦前後状況の報告を
行っている。

　1947 年は，1 月に高松宮総裁の本院視察があり，済生会病院復興委員会設置
があった。2 月に病院従業員組合の結成があった。これは戦後の民主化の動き
を背景に済生会の中央集権的機構の解体を受けて職員間の組合結成の動きを受
けたものであった。3 月に看護婦養成所専攻科 23 人の第 6 回卒業式が行われ
た。4 月に直営診療機関有償診療規定の改正，済生会看護婦養成所職制改正が
あった。5 月の済生会結成 36 周年記念式典に皇后の行幸があり，本院他の視
察があった。6 月に第 1 回病院経営研究会が開催されている。7 月に産婆を助
産婦と改称し，産婆看護婦長を助産婦長と改称している。この年に病院抄読会
が復活している。

　1948 年は，2 月に済生会乳児福祉会が設立され，3 月に病院復興慈善バザー
1 週間開催し高松宮総裁が臨席している。看護婦養成所第 9 回卒業式が行われ
ている。産院，乳児院，附属小児科病院併合により済生会産院乳児院となって
いる。5 月に都知事の給食指定病院となっている。創立 37 周年行事に本院他
で健康相談，無料診療を実施している。6 月に乳児院は児童福祉法による施設
承認を受けている。7 月に組合は第 1，第 2 組合に分裂している。これは病院
内各所にビラを貼る等争議的活動に対して批判的な組合員による新たな組合の
組成であった。葬儀的な 8 月に本院に医療社会事業部を新設している。

　1949 年は，1 月に東京都労働基準局長より労災保険指定病院の指定を受けて
いる。2 月に東京大阪病院事務長会議に参加している。2 月に高雄徳龍院長が
退任し，中山安院長兼産院乳児院長が就任している。3 月に看護婦養成所第 10
回卒業生 5 人が卒業している。10 月に看護婦服装が改正している。11 月に財
団法人済生会病院と改称し，財団法人済生会寄附行為認可となる。

　1950 年は，1 月に座談会「済生会はいかにあるべきか」が開かれている。2
月に救急病院の指定を受けている。3 月に中央病院従業員組合規則施行と看護

婦養成所第 11 回卒業式があった。4 月に東京都済生会中央病院就業規則を施行している。労働争議が落着している。7 月に栄養科第 1 調理室と第 2 調理室を統合して，第 2 調理室は職員食堂になっている。栄養部を給食部に改称している。財団法人済生会支部東京都済生会施設従業員職制施行となる。助産婦講習生 8 人の卒業式があった。8 月に給食部を栄養科に改称している。11 月に助産婦講習生 8 人の卒業式があった。12 月に中山院長が退任して副院長鍋島康麿院長代理が就任する。この年 8 月に，診療科に所属していた看護婦によって看護科を新設し，独立して総婦長を監督と改称し当院は監督と婦長と主任看護婦（各科と各病棟に 1 人）を配置している。

　1951 年は，3 月に看護婦養成所第 12 回卒業式があり，助産婦講習生 7 人が卒業している。5 月に児童福祉法による児童福祉施設（第 1 種助産施設）の認可が下りている。7 月に助産婦講習生 5 人が卒業している。10 月に小山武夫院長兼附属乳児院長が就任している。11 月に助産婦講習生 4 人が卒業している。12 月結核予防法の規定による指定医療機関となる。

　1952 年は，3 月に助産講習生 6 人が卒業している。5 月に児童福祉施設乳児院と助産施設に組織変更の認可がおりている。5 月 22 日に社会福祉法人の定款認可により，社会福祉法人恩賜財団済生会支部東京都済生会忠病院となっている。7 月に助産婦講習生 5 人が卒業している。8 月に更生医療を担当する医療機関に指定されている。9 月に結核病床 30 床が竣工している。11 月に助産婦講習生 4 人が卒業している。都立民生病院が竣工し，12 月に民生病院経営委託契約締結し，小山院長が民生病院長を兼任している。民生病院生活保護法入院患者 169 床の完全給食承認となっている。この年より東京都済生会中央病院処務規定施行となっている。

　1953 年は，1 月に民生病院管理規定を制定して都知事より開設許可が下りている。民生局長通達により児童福祉措置児童が民生病院利用可となっている。3 月に助産婦講習生 6 人が卒業している。6 月に高松宮総裁が民生病院を視察している。7 月に助産婦講習生 4 人が卒業している。10 月に皇太子の帰国に際して救護班を派遣している。11 月に助産婦講習生 5 人が卒業している。

　1954 年は，3 月に助産婦講習生 4 人が卒業している。済生会看護婦養成所が休止している。4 月に完全寝具を実施している。5 月に看護科総婦長を看護科

長と改称している。外科手術室麻酔回復室を増設している。7 月に助産婦講習生 2 人が卒業している。

　1955 年は，3 月に助産婦講習生 1 人，7 月に 4 人が卒業している。10 月に東京都済生会中央病院処務規定改正があった。12 月に初めて NHK 歳末たすけあい運動の無料健康相談を行う。

　1956 年は，2 月に糖尿病調理講習会を始めている。5 月の創立 45 周年は皇后が行啓し病院乳児院，産院，民生病院の巡視があった。6 月に入院関係診療伝票制度一部実施があった。9 月に赤い羽根募金に看護婦協力出動している。東京都済生会中央病院処務規定改正があった。10 月に当直夜勤婦長制を実施している。婦長会は毎週 1 回実施している。10 月に入院関係診療伝票を実施している。12 月にエチオピア皇帝より乳児院に乳母車の寄贈があった。

　1957 年は，2 月に総合病院の呼称が許可されている。4 月に無料結核診療を実施している。5 月に，ろ号病棟の開設があった。6 月に寄宿舎新館使用開始している。7 月に中央病院処務規定実施している。12 月に NHK 歳末たすけあい無料健康相談に参加している。

　1958 年は，3 月にろ号病棟の増築と，12 月の専任夜勤婦長制度の改正と第 9 回社会事業会議参加者の民生病院の見学，NHK 歳末たすけあい診療への参加があった。

　1959 年は，1 月に薬事委員会の開設と人間ドックの開設があった。3 月に民生病院委託経営契約内容形式の改定があった。8 月に整形外科設置と新生児室設備が完成している。10 月に中央病院給与基準規則の制定があり，国民体育大会に救護班（看護婦延 16 人）を派遣している。11 月に X 線診療室を増築している。1960 年は，1 月の乳児院薬局閉鎖中央病院統合があった。3 月に米国俳優チャールトン・ヘストンの乳児院慰問があり，4 月に 1 週間 44 時間勤務体制となり，9 月の母親学級と妊婦ドックを開設している。

　1961 年は，2 月にあかばね会（糖尿病患者の会）が発足し，4 月の同会会則の施行，同会雑誌「あかばね」の発行，5 月の同会役員会，6 月の同会春季大会，8 月の同会から東京都糖尿病協会理事会への参加などが行われている。その他は，4 月に民生病院業務委託契約改定と民生病院運営委員会が廃止している。12 月の東京都主催歳末無料健康相談に際して皇后より下賜金を戴いた。

　1962 年は，3 月に手術準備室の竣工があり，5 月に東京都立民生病院の業務委託に関する契約と建物賃貸借契約の更新を行っている。6 月に健康保険法と生活保護法による看護基準変更申請を行っている。7 月に手術室増築に伴って婦人科合流中央手術場となっている。9 月に東京衛生学園の臨床実習場となり，翌月に 26 人が実習入所式を行っている。

　1963 年は，2 月に呼吸器外来が中庭に吸引治療室を設置しており，神経科を開設している。6 月に都立民生病院の業務委託契約更新をしており，9 月にあかばね会調理実習試食会を行っている。この年に看護科の通勤制を許可して

図表⑤－2　東京都済生会中央病院組織図（1965 年当時）

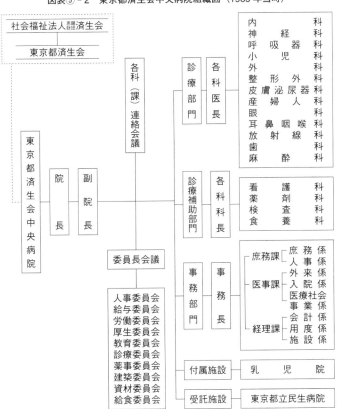

出所：「東京都済生会中央病院五十年史」p.8 より

いる。

　1964年は，2月に東京衛生学園実習生の修了式があり，呼吸器科ほ号病棟拡張を行っている。3月に足立正済生会会長（1月就任）は来院して視察を行っている。4月に本院設立50周年準備委員会設立があった。5月に小山院長が1カ月の欧州の病院視察に出かけており，同月に乳児院保育遊園地を設置している。6月に東京都済生会中央病院50年史の編纂着手している。9月に病院職員の三浦半島めぐりの職員旅行があった。11月に病院運動会を行っており，12月に文化祭を行っている。

　1965年は，5月30日に本院の創立50周年記念式典が行われており，総裁の高松宮殿下と妃殿下が参列して祝辞を戴いている。祝宴は学士会館で院内祝賀会は病院会議室で行われた。

図表⑤-3　東京都済生会中央病院看護部門組織図（1965年当時）

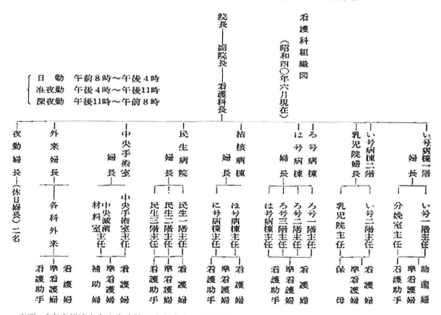

出所：「東京都済生会中央病院五十年史」p.146より

創立 50 周年から現在（1966 年～2021 年）

　1966 年に創立 50 周年記念事業として計画された増改築を開始し，1970 年に完成。

　1970 年に近代的な病院として医療面の充実を図り，地域に貢献する高機能病院として体制を整え，乳児院も鉄骨 2 階建てになる。

　1988 年に港区立特別養護老人ホーム「白金の森」他 1 施設の受託経営を開始している。

　1990 年 12 月に ICU・CCU・手術室等を充実させた増改築が完成している。

　1995 年 4 月に東京都済生会看護専門学校開校している。

　1996 年に港区立特別養護老人ホーム「港南の郷」他 3 施設の受託経営を開始している。

　2002 年 4 月に東京都立民生病院が廃止され，その機能を継承して中央病院の一部として運営を開始している。

　2005 年に旧民生病院である北棟を食堂・喫茶室，会議室，診療録管理室，コンピューター室を備えた新棟としてオープンしている。

　2008 年に旧民生病院跡地に新外来棟をオープンし，検診センターを総合健診センターとしてリニューアルオープンしている。

　2012 年 9 月に地域医療支援病院の承認を受けている。

　2015 年 12 月に病院創立 100 周年を迎える。

　2018 年 3 月に東京都済生会看護専門学校が閉校している。

　2020 年 9 月に新附属乳児院を竣工している。

4.　済生会中央病院の特色

　済生会は，明治天皇の済生勅語の無告の窮民に対して済生救療の道を開く，ことから発足しているため，済生会中央病院の行う医療事業も下記のような特色を有している。

救療事業について

　済生会中央病院は，創立以来本会設立の趣旨にある施薬救療の使命のため，貧しい人たちへの施療を続けてきた経緯にある。関東大震災により東京市内の診療施設が極度に不足したので罹災者の救護のために貧富の区別なく救療に当たる必要から，貧しい人達のみの診療から広く社会大衆に対する診療を実施している。その際に極めて低額の診療費を定めて有料診療を行っている。この有料診療は，震災後の当面の対応であったが，中産階級以下の人々への医療施策としての要望も強く継続して行われていた。

　その後，当院を受診する患者は増加しているが，治療費を負担することが可能な患者もいることから，1931年に受診患者を第1種（全額無料）と第2種（少額治療費負担）に区分して診療を行なっていた。

巡回診療，巡回看護について

　巡回診療，巡回看護婦制度はわが国において済生会が最初に始めたものである。関東大震災に際して，本院は直ちに医師，看護婦等による臨時救護班を数班編成して市内の被害甚大な地域に急派して応急処置を講じている。その後住民の避難生活が始まると病人や妊産婦の診療助産のために患者宅の巡回診療を行っている。

　震災救護事業費打ち切り以降も経常費による巡回看護婦制度を実施しており，本院を主体とする看護婦3人で1組として4班を編成して，本部直轄4診療所に配属して定期訪問を実施している。その職務内容は，家庭訪問，伝染病患者の取扱，衛生思想の普及，患者手当，患者受診手引き，妊産婦の指導，衣食住に関する注意，幼児学童の一般衛生，児童遊戯の注意，身の上相談，職業紹介など多岐にわたっている。

災害救護について

　済生会の災害救助活動は，創立の使命によって，平時は生活困窮者の医療救護に努めるほかに，天災・人災の災害発生に際して救護班現地派遣等を講じている。特に芝病院時代は本部直轄であったため本部からの指令に基づいて救護活動を行っている。1917年の東京市内台風水害は救護班8班を派遣している。

1923 年の関東大震災は臨時救療部を急設して救護班を編成して被害地に派遣している。1932 年の白木屋百貨店出火に際して救護班が出動している。1933 年の三陸地震と津波被害への対応，1934 年の函館火災に際しての救護班派遣を行っている。1938 年の茨城県水害には救護班 2 班を派遣している。同年 9 月の東京市江東地区の水害にも救護班 2 班を派遣している。

医療社会事業について

　1926 年 10 月に本会参事の生江孝之氏の主唱によって「済生社会部」が創立している。活動内容は，外来入院患者のために，入院，治療，就職，保護等の相談と斡旋や救療物資の配布，患者の慰安，埋葬等の補助の実施であった。これらは今日の医療社会事業の前駆をなすものであった。この事業は継続して行われたが，戦時体制下と戦災にあって一時中断時期もあったが，1949 年より「医療社会事業部」を設置して専任担当者を配属してケース・ワーカーとして活動を行っている。これらは今日のメディカル・ソーシャル・ワーカーを中心とした事業に引き継がれている。

乳児院と産院について

　乳児院の創設は，1912 年の関東大震災に際して妊産婦を一時的に収容する設備急設の必要性から病院内にバラック建物を急造したことが端緒である。同施設において妊産婦を収容して出産，母子の医療手当を施している。その際の掲示板に書かれた文は次のようなものであった。「罹災者へ　病気で御困りの赤ちゃんをおつれ下さい　診療も入院も無料で出来ます　育児の御相談にも応じます　恩賜財団済生会　芝区赤羽橋際　臨時赤羽乳児院」。開設当時の乳児院は小児科の入院患者と保育時を取扱い定員 150 人で 143 人を収容したことがあった。職員は医師 8 人，看護婦 27 人他で総勢 71 人であった。乳児院は震災後の困窮する家庭の乳幼児救療保護に多大な貢献を果たしていたが，この事業は震災後の臨時救療事業であり，1924 年にこの事業費は打ち切りとなったが，当時の社会情勢から継続運営の必要があった。

　1925 年 6 月に芝病院附属乳児院と改称して病院付属施設として発足している。その後に改めて独立経営を協議し，内務省から経費支援があり独立して改

称し赤羽乳児院となっている。1930 年の入院患者数は約 15 千人であった。

東京都立民生病院の受託経営について

　1950 年頃に浮浪者や行旅病者が街路に至る所で見かけられる状態の社会問題に対して解決には特別な医療保護施設の設置が最善の方法として，1950 年の都議会で民生病院の建築が議決され，東京都済生会中央病院構内に都立病院として総工費 1 億円の経費で 1951 年に着工して 1952 年 11 月に竣工している。建物は地上 3 階建て 169 床であった。

　この病院の経営は済生会が委託を受けて東京都済生会中央病院が行うことになった。民生病院の入院患者の対象が，浮浪中の病人および行旅中の病人，保護施設にいる病人，生活困窮者で要保護者である病人であり，1952 年の患者250 人のうち浮浪者及び行旅病者 114 人，厚生施設から送致者 63 人，その他要保護者 73 人であった。

事例⑥

社会医療法人母恋 日鋼記念病院 組織の発展

1. 日鋼記念病院について

　日鋼記念病院の病院組織の発展は株式会社日本製鋼所の歴史に軌を一にしており，1911年に私立楽生病院として発足直後に日本製鋼所職工共済組合となり，その後に日本製鋼所病院と名前を変え，明治，大正，昭和の時代を経て1980年に日本製鋼所の企業体を離れて医療法人社団日鋼記念病院として独立している。その後は，特定医療法人を経て，現在は社会医療法人となっている。

　当院は，北海道室蘭市に所在し，病床数は479床で診療科は25診療科を有しており，約800人の職員が勤務している。当院の理念は，訪れたとき，いつも「ほっ」としてもらえる病院である。よりよい医療を提供するために「一歩前へ」を目指す。病院は地域の財産，職員は病院の財産である。

　当院の誕生（1911年）から75周年（1986年）までは，「日鋼記念病院七十五年史」の記載に沿って検証し，その後の歴史は当院のウェブサイト他によって検証する。

2. 日鋼記念病院の組織発展

株式会社日本製鋼所と私立楽生病院誕生の経緯

　株式会社日本製鋼所は1907年に室蘭で設立している。これは明治政府の富国強兵策の一環で，重工業の振興による製鋼所の建設が望まれた時代背景を受

けて，日英同盟の関りで北海道炭砿汽船株式会社と英国アームストロング社と
ビッカース社の出資[1]によって創設されたものである。

　当社は工場建設と技術上の指導を受けるために呉鎮守府司令長官の山内万寿
治海軍中将を顧問に迎えるとともに，呉海軍工廠から多くの技術者や工員を雇
い入れ，翌1908年には，職工1,023人，雇人250人，職員99人他総数1,400
人が勤務していた。

　このころの室蘭には町立室蘭病院が数人の医師で内科，外科，婦人科の診療
に当たっていた他に9人の開業医がいる程度であった。当社は応急的な仮病院
を設け，従業員とその家族の診療に当たっていた。1910年に，山内万寿治海
軍中将が日本製鋼所の取締役会長に就任し，福利厚生施設の重要性に着目し
て，従業員とその家族のための附属病院の建設に取り掛かっている。

　1910年8月に私立病院設置の認可を受けて，翌1911年1月に私立楽生病院
が誕生している。この病院が日鋼記念病院の遠祖である。初代の病院長は山内
会長の知己である海軍軍医立花保太郎中佐が就任している。同社は，呉海軍工
廠の共済制度に習い，1911年に職工共済制度を設置している。尚，職工他雇
人も職工共済会に編入されていた。

　私立楽生病院として開院した病院は10日後に経営を職工共済会に移管して，
日本製鋼所職工共済会病院と名を変えて2年後の1913年まで職工共済会が運
営していた。

図表⑥-1　日本製鋼所の組織図（1913年当時）

出所：「日鋼記念病院七十五年史」p.3より

1　アームストロング社はアームストロング砲を製造していた。ビッカース社は戦艦三笠を製造して
　いた会社である。「日鋼記念病院七十五年史」p.3の記載より

日本製鋼所病院移行から終戦まで（1913年～1945年）

1913年に，病院の経営母体が職工共済会から株式会社日本製鋼所に移され病院名称を日本製鋼所病院と改めている。

1913年当時の病院の規模は，敷地面積約3,400坪，建物は約663坪ほどであり，院内は内科診察室，外科診察室，眼科診察室，婦人科診察室，小児科診察室，耳鼻咽喉科診察室，X線室，細菌室，手術室および消毒室など20余室があった，その他に看護婦寄宿舎，病院役宅棟があった。この頃の当社の社員等級表によると，医師と薬剤師は甲級社員，看護婦長と医員と薬剤員（衛生兵出身で医療知識があった者）は乙級社員，看護婦は準社員の扱いであった。

1914年に，御前水診療所を開設している。この年の第一次大戦の勃発により，日本の重工業の飛躍的な発展に伴い当社業績も拡大しており人員は3,300人程となり，工場の規模は拡大している。それらにより病人も増加していたので，診療所を設けることとなった。

1916年に，初代の立花院長が退任し，2代目院長内田孝徳医師（1885年生まれ東大医科卒）を迎えている。内田院長は31歳で院長に就任して1945年まで約30年間病院長を務めた。

1919年に，日本製鋼株式会社が北海道製鐵株式会社と合併した際に，北海道製鐵が所有していた診療所を廃止して，元町診療所を開院している。スタッフは，外科医師，内科・婦人科医師，外科助手，薬剤助手，事務員の5人であったと記録がある。尚この診療所は，1939年に日本製鐵株式会社に譲渡して病院となっている。

1940年に，国内の軍需生産増強を背景に国民徴用令に伴って当社の従業員が急増したため，社員と家族のための医療設備が必要になり，東町分院が開院している。20床程の病床もあり，歯科診療も行っていたが，1945年の終戦に伴い廃院となっている。

1940年当時の医師は，内科は内田院長を含む5人，外科は4人，眼科医，耳鼻咽喉科医，婦人科医各1人，歯科医3人の計15人であり，事務長，薬局長，婦長などが主要な病院メンバーであったが，その後3人の医師が応召し，その他職員も応召により欠員が生じていた。翌1941年の太平洋戦争開始以降は，医薬品や医療資材の入手が困難になったが，何とか確保して診療に当たっ

図表⑥-2　1928年4月の日本製鋼所の組織図

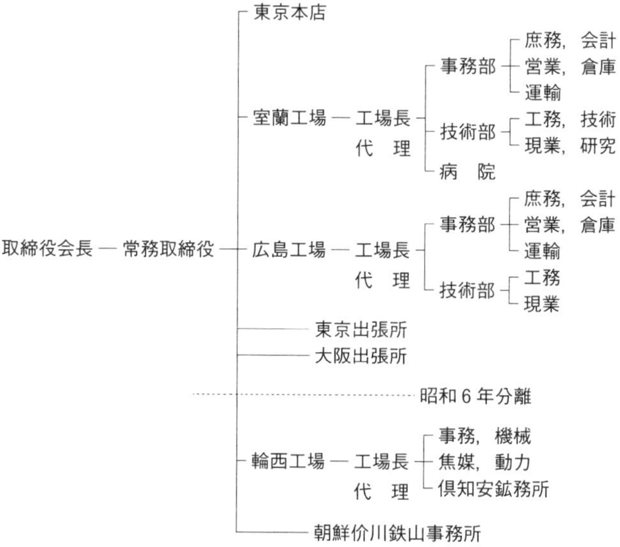

出所：「日鋼記念病院七十五年史」p.15

ていた。

　1945年7月に室蘭市内は空襲と艦砲射撃により大きな被害を受けており，病院建物の被害は無かったものの，市内の被災者数千名の診療に当たっていたようである[2]。同年8月15日の終戦以降は，日本製鋼所は平和産業に移行し徴用で働いていた人はそれぞれの出身地に帰り，軍需補償打ち切りによって企業規模の縮小を余儀なくされた。それに伴い，病院の本院以外の御前水診療所と東町分院を閉鎖している。終戦後の混乱期に医師他の退職者が複数人おり，二代目院長の内田院長も退職して市内に診療所を開設している。

日鋼病院の終戦後から分離独立まで（1945年～1979年）
　1945年11月に，森田耕一副院長（1877年生まれ金沢医専卒　1920年より

2　7月14日は空襲，7月15日は艦砲射撃を受けている。日本製鋼所と日本製鉄を攻撃目標としたものであった。

当院勤務）が 3 代目病院長に昇格している。翌 1946 年に軍医として応召していた松岡幸七副院長の復職に伴い，かねて松岡医師が復職するまでの条件で病院長を引き受けた森田院長は退職している。

1946 年 11 月に，松岡幸七副院長（1905 年生まれ北大卒　1940 年より当院勤務）が森田院長から 4 代目の院長職を引き継いでいる。この時期の病院の人員は約 70 人であり，診療科は，内科，外科，産婦人科，耳鼻咽喉科，歯科の 5 科であった。医師の確保に北大に応援を求め，結果として外科医，内科医複数名が着任して，病院の規模も拡大している。1947 年に，東町に診療所を開院している。東町は病院の分院があったが終戦時に閉鎖したが，社宅住民からの要望で診療所として開院し，医師が常駐していたが 1971 年に閉院している。

病院長，副院長の下に，3 部門があり，医務部，薬剤部，事務部に分かれている。看護職員は医務部付に所属しており，看護部の独立以前であったことがわかる。医務部の診療科は内科・小児科，外科，耳鼻咽喉科，眼科，産婦人科，歯科の 7 診療科がある。この当時は，今日のリハスタッフや技師等は所属していない模様である。

1952 年に，待望の小児科医が札幌医大（1950 年開学）から派遣されるよう

図表⑥-3　1949 年 4 月現在の組織図

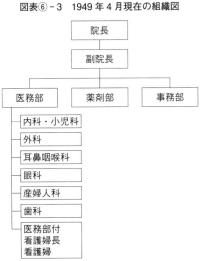

出所：「日鋼記念病院七十五年史」p.25 の図に基づき筆者作成

になっている。

　1953年から病院の改築を計画し，会社との折衝を開始して，翌1954年から全面的改築工事が開始している。木造の古い病棟を取り壊し，1955年に第1病棟，第2病棟が新築されており，翌1956年春から本館と中央廊下が始まり，11月に本館の全工事が完成している。

　1957年に落成式と記念パーティーが開催されている。同年の新築後の病院の病床数は一般病床182床，結核病床83床合計265床であり，診療科は，内科，小児科，外科，整形外科，皮膚泌尿器科，耳鼻咽喉科，産婦人科，眼科，歯科，放射線科であった。病院の全職員は102人であった。病院建物の改築完了と合わせて，12月より病院を日鋼関係者以外の診療のみの扱いから，社会保険をはじめとする各種保険診療を行い一般市民の診療を取り扱うようになった。本格的な社会保険診療は翌年から行われ患者数は増加して医療収入も増え安定した経営が続くようになった。さらに病院が近代的な建物に変わったことを契機に，インターン生の受け入れを開始し，1958年の第1回目は2人のインターン（札幌医大2人），第2回は5人（全員北大），第3回は5人（北大3人，札幌医大2人），第4回は6人（北大5人，札幌医大1人），第5回は2人（九州1人，札幌医大1人），第6回は6人（北大4人，岩手1人，昭和1人），第7回は1人（東京医大1人）となっている。

　1959年に整形外科が新設され，北大出身の医師と北大からの出張医師の2人体制で診療が続けられていた。1964年に看護婦宿舎の改築が行われた。それに伴い，高等看護看護学院が開設されている。学生は准看護婦として勤務しながら，夜間に3年間学校に通うことで看護婦国家試験の受験資格が与えられるものであった。看護学校を併設することは将来の看護婦不足に対処するものであった。

　1970年に第4代の病院長の松岡幸七院長が退任して，第5代の院長に池田満穂副院長（北大卒）が内部昇格で院長に就任している。

　1972年の病院規定の改定に記載されている内容から病院の運営状況を窺い知ることができる。記載内容には，室蘭製作所の附属病院を日本製鋼所病院と称する。当社従業員とその家族及び社外の社会保険患者の診察に当たるほかに，社外一般患者の診療にも応じる。病院は特別会計をもって経営する。院長

は院内遂行に必要な諸規定を制定し，所長の承認を得てこれを遂行する。病院内には次の科を置くとして，内科第一科，内科第二科，内科第三科，小児科，外科，整形外科，皮膚科，耳鼻咽喉科，産婦人科，眼科，歯科，手術室，放射線科，薬剤科，事務課となっている。

　1978年に，日本製鋼所より病院の分離独立案が示されている。これは，親会社の業績不振による合理化の一環として，保全，輸送，営繕，検査等業務の四分離会社設立と併せたかたちで病院の運営を切り離すもので，分離後は独立採算を求める内容であった。同年7月末で池田院長と，佐藤副院長，小森整形外科長が退任している。これは40歳代の院長を迎えるに際して先輩格の医師自らが退いて，若い院長に存分の活躍を期待する配慮もあったと記載がある。8月に北大の西村昭夫男助教授を第5代の病院長に迎えている。病院分離案に対して，当社の組合幹部と病院の組合支部幹部が会合を開いているが，特に意見等は無かった模様である。組合から企業体から先に分離独立した苫小牧の王子病院に意見聴取に行ったものの参考にはならなかったようである。9月に西村院長は本社の小野社長に面談して，病院は公共性が強く地域医療に貢献すべく企業体から離れて独立したい旨を伝えている。10月に院内のコミュニケーション改善の一環で第1回院内連絡会議が開催されている会議で2年目途での分離独立と，病院のイメージ向上と近代化の推進が決まっている。院内連絡会議はこれ以降継続して開かれている。同月にICU，CCU，アンギオグラフィー等の医療機器の新規導入や中央検査室や病理解剖室の増設等，第1次近代化計画が実施されている。

　1979年4月から設備投資が奏効して経営状態が改善傾向を示し赤字経営から黒字化に転じている。6月に新社長に就任した館野万吉社長が室蘭製作所を訪れ，その際の談話として病院の分離独立が読売新聞朝刊に出ているが，特に院内の動揺は無かった。分離後の看護学院は当面は会社立とすることで合意している。

日鋼記念病院の分離独立から75年史発行まで（1979年〜1986年）

　1979年10月1日に，株式会社日本製鋼所から分離独立して，医療法人社団日鋼記念病院としてスタートしている。この日は午前中のみ診療を行い，午後

は院内で記念行事が行われた。理事会が開かれ，西村院長が理事長を兼ね，病院事務長が常務理事，病院関係者は副院長2人，事務次長，前院長顧問が理事に就任，会社関係者は日本製鋼所理事，所長代理，労務部長が理事に就任し，監査役は日本製鋼所部長の就任が決定している。尚，医療法人の出資者は株式会社日本製鋼所である。その後は講堂で記念式典が行われている。

　この日をもって病院経営の基盤が日本製鋼所から医療法人になったことを肝に銘じ，従業員一同，より良き医療を目指すことを誓い合ったと記載がある。

　分離独立は行っているが，具体的な分離条件に関する確認書は取り交わしておらず人事問題等は，翌1980年2月に以下のことを協議している。午後の外来診療を行うこと，社宅の貸与を継続すること，病院職員を日本製鋼所からの出向扱いでなく，病院職員となることを目指すこと，これらは日本製鋼所に打診のうえ，同月の病院理事会で確認書について承認されている。

　1980年は，日本製鋼所出身の病院事務長（常務理事）が退任し，西村院長の招きにより他社役員をしていた方が事務長（常務理事）として就任している。そのほかに治療データ等の管理を行う医学情報部を設置して新たに採用を行っている。4月の理事会で第1次増改築案が審議のうえ可決されたが，理事の日本製鋼所役員より，病院に関することで重要な事は理事会決議以外に日本製鋼所の人事部を経て本社社長承認が必要との発言があった。これに対して，医療法人の独自性を否定するものとして西村院長から反論があった。この後2年間は医療法人の独自性を貫こうとする西村理事長と出資者として最終的な管理，決定権を持つという日本製鋼所との対立になり，病院改築案をめぐり理事会が紛糾することになる。1981年より旭川医大婦人科より医師の派遣を受け入れており，その後の同大からの医師の派遣は複数名を受け入れることにつながっている。同年8月に北大より脳神経外科医師を迎えて脳神経外科を開設している。脳血管障害や交通外傷への対応から地域の期待も大きくその後医師を増員している。

　8月の理事会で新病棟の建設案を付議したが，日本製鋼所から出ている理事より，本社の取締役会に付議したうえで回答する旨回答があり，結局新棟の建設は反対である旨の回答があった。

　1982年4月目途でそれまで職員が日本製鋼所からに出向扱いであったもの

を，職員全員が移籍することで，病院と会社とで大筋合意は得られた。しかし，病院の新棟建設については，何らの進展もなく，お互い平行線のままであった。10月に院長以下全員が病院に移籍しており，経営面と人事面で独立して完全独立が果たせたと記述があるが，新棟建設に関しては，出資者である会社側と病院側の合意は得られないままであった。新棟建設を巡る病院側と日本製鋼所の対立は法律問題に発展して，双方が弁護士を立てての論争は進展が見られなかった。道庁も成り行きに懸念を示して，それが中央官庁まで伝わり，通商産業省大臣官房総務課長が日本製鋼所幹部を呼んだうえで，病院に対する態度を尋ねたとのことであった。

　1983年3月下旬に日本製鋼所の新棟建設に関する考えに変化がみられ，双方の弁護士による話し合いにより，和解の方向に進んでいる。4月の病院理事会は日本製鋼所側の理事も含めて満場一致で新棟建設案が承認されており，2年にわたる新棟建設問題は解決して，従業員一同ようやく落ち着くことができた。5月に新棟建設に際して建設予定地の院長宅を取り壊しており，同月に金融機関等からの融資について病院理事会で承認されている。8月に工事入札があり，9月に竹中工務店との間で工事契約の調印の後に起工式が行われている。

　1984年6月に新棟である西棟は完成している。新棟は，最新の医療設備を有しており，ICU，CCUを配し，6台の手術室と中央材料室を有して，増床による入院室の改善と併せてデイルームも有するものであった。7月に落成式が行われて，多くの来賓参加による記念式典と祝宴が開催されている。

1986年（日鋼記念病院七十五年史記載年）の病院の現状

　経営体　医療法人社団 日鋼記念病院
　所在地　北海道室蘭市新富町1丁目5番13号
　病院長　西村昭男
　病床数　370床
　診療科　15科　内科，循環器内科，呼吸器科，小児科，外科，整形外科，脳神経外科，心臓血管外科，産婦人科，眼科，耳鼻咽喉科，皮膚科，麻酔科，放射線科，歯科

図表⑥-4　日鋼記念病院組織図（1986 年 8 月 16 日現在）

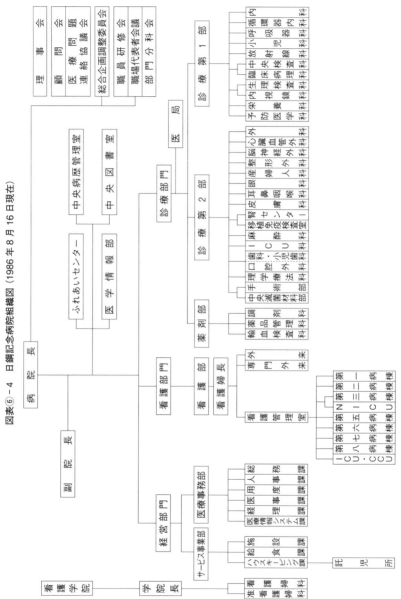

病床数の推移

1911 年　開院時　　50 床

1957 年　新改築後　265 床

1980 年　医療法人へ移行　246 床

1881 年　脳神経外科開設　236 床

1982 年　第 2 病棟増築　　243 床

1984 年　西棟増築　　　　363 床

1985 年　第 6 病棟改造他　370 床

1986 年　75 年史記載時　　370 床

診療科の推移

1911 年　開院時　7 科　内科，外科，小児科，婦人科，眼科，耳鼻科，歯科

1958 年　増改築後 10 科　3 科増設（整形外科，皮膚泌尿器科，放射線科）

1980 年　医療法人移行後 11 科　1 科増設（麻酔科）

職員数の推移

1955 年　90 人

1960 年　134 人

1965 年　150 人

1970 年　164 人

1975 年　173 人

1980 年　200人（医師 15人 看護職 130人 事務職 15人 医療スタッフ他40人）

1983 年　260人（医師 22人 看護職 139人 事務職 27人 医療スタッフ他72人）

1985 年　355人（医師 28人 看護職 206人 事務職 39人 医療スタッフ他82人）

1986 年　413人（医師 30人 看護職 210人 事務職 40人 医療スタッフ他133人）

　企業体病院であった時期は慢性の赤字病院であったが，分離独立後は黒字体質に変化したと記載がある。

図表⑥-5　経営状況の推移について

	1975 年	1977 年	1979 年	1981 年	1983 年	1985 年
許可病床数	253 床	253 床	239 床	245 床	249 床	363 床
1 日平均入院患者	175 人	170 人	164 人	206 人	223 人	336 人
1 日平均外来患者	551 人	489 人	259 人	456 人	569 人	700 人
総収入	7.9 億円	9.7 億円	13.1 億円	24 億円	33 億円	46 億円
損益	△ 1.1 億円	△ 1.6 億円	0.4 億円	0.9 億円	1 億円	2 億円

出所：「日鋼記念病院七十五年史」p.117

七十五年史記載以降について（1987 年～）

　1987 年に日鋼記念病院の南棟一期工事竣工しており，病床数は 536 床となっている。

　1988 年に日鋼記念看護学校を開校している。（定員 35 名）

　1991 年に日鋼記念病院の西棟と南棟のリニューアルが完成している。

　1993 年に東室蘭サテライトクリニックを開設し，訪問看護ステーション母恋を開所している。

　1995 年に訪問看護ステーション汐見を開所している。

　1996 年に臨床研修病院指定病院となっている

　1997 年に財団法人日本医療機能評価機構病院機能評価の認定を全国の第 1 号で取得している。さらに歯科臨床研修病院指定，災害拠点病院指定となっている。

　1998 年に PET 導入（北海道第 1 号）

　1999 年に緩和ケア病床開設（12 床）

　2001 年に法人名称を医療法人社団 カレスアライアンスに変更している。地域周産期母子医療センターの指定を受けており，緩和ケア病棟 22 床を開設して病床数は 544 床となっている。

　2003 年に社会福祉法人 聖母会より天使病院を事業継承して医療法人社団 カレス アライアンスに経営統合している。

　2004 年に登別記念病院（120 床）を開設している。日鋼記念看護学校の増改築が完了して定員 70 名となっている。

　2006 年に PET-CT を導入し，消化器センター，化学療法センター，糖尿病

センターを開設しており，病床数は 485 床となっている。

　2007 年に第 2 代理事長 勝木良雄氏が就任している。法人名称を変更し医療法人 母恋となっている。日鋼記念病院は地域がん診療連携拠点病院の指定を受け，病床数は 479 床となっている。

　2010 年に全国初の社会医療法人化により法人名称を社会医療法人 母恋と変更している。

　2011 年に病院創立 100 年を迎えている。

　2016 年に第 3 代理事長に柳谷晶仁氏が就任し，2017 年に第 4 代理事長に飯塚進氏が就任し，2018 年に第 5 代理事長に有賀正氏が就任している。

事例⑦

昭和伊南総合病院 組織の発展

1. 昭和伊南総合病院の概要

　伊南行政組合昭和伊南総合病院は長野県駒ヶ根市に所在する病院である。病院の開設者は伊南行政組合組合長　伊藤祐三氏となっている。

　病院の規模は，一般病床／300床であり，病院の本館構造は地下1階，地上6階建である。

　病院の診療科は内科・脳神経内科・循環器内科・消化器内科・小児科・外科・整形外科・形成外科・脳神経外科・皮膚科・泌尿器科・産婦人科・眼科・耳鼻いんこう科・リハビリテーション科・放射線科・歯科・麻酔科・病理診断科の19診療科を有している。病院職員は507人（2021年4月現在）である。

　昭和伊南総合病院のウェブサイトには，村岡紳介院長のあいさつとして次のようなものが掲載されている。「昭和伊南総合病院は，長野県の南信地方にある「アルプスが二つ映えるまち」とキャッチフレーズされる駒ヶ根市にあります。この駒ヶ根市を中心とした4か市町村で運営される組合立総合病院で，この地域の中核病院としての役割を担っております。疾病の発病を予防するといった観点から人間ドックや健診を行う健診センター，救急対応を含む循環器疾患・脳卒中の急性期治療，癌などの大規模手術術後管理に対応したHCUを持つ救急センター，内視鏡による診断治療を行い県内有数の症例数を持つ消化器病センター，慢性期および救急にも対応した血液浄化法を行う透析センター，地域密着型の総合的リハビリ医療を実践する地域先進リハビリテーションセンターを柱として運営をおこなっております。昭和伊南総合病院は「和顔愛語」を理念としております。これは，和やかな笑顔と思いやりのある言葉で

人と接することをいいます。この「和顔愛語」の精神にのっとり，患者様の目線に立った医療を実践すべく，職員一同で対応させていただいております」。

　当院の歴史は，1934年に有限責任赤穂購買利用組合昭和病院として開院（病床数100床），1943年に長野県農業会に移管され，その後1963年に上伊那南部病院組合（現，伊南行政組合）に委譲され昭和伊南病院と改称し1964年に昭和伊南総合病院となっている。

　開設当初から病院として開院し，増改築に伴い規模を拡大して，現在の病床数300床を有する病院となっている。

2. 昭和伊南総合病院の組織発展

組合立昭和病院開院の経緯

　1934年9月3日に，有限責任購買利用組合立昭和病院は開院している。当時の記録に9月3日 昭和病院開業　入院患者3名，外来患者30余名，往診3名。9月10日 入院19名，外来100余名に及ぶ。と記載されている。

　長野県南部の上伊那郡南部12カ村の購買組合によって病院が開設された経緯は次のようなものである。昭和初期にキリスト教伝道者賀川豊彦による医療利用組合設立の動きの影響を受けて，1933年5月に公立病院調査委員会が発足して，6月に東北3県の組合立病院施設を見学した後に，7月に病院設立委員会を設置して昭和病院の名称を決定している。8月に組合立昭和病院の設立が許可されており，9月に組合員募集を開始している。

　当時の組合員加入募集広告に昭和病院開設の概要が分かるので，以下に募集広告の概要を記載する[1]。

　有限責任購買組合昭和病院概要
　　此地方に相当の設備の病院をほしい，そして何時でも気安く医者にかかれるようにしたいとは我々多年の熱望でありましたが，昭和病院の設立が

1　「病院史誌」p.27に記載

8月25日附で許可になりました。此の病院は共存共栄を旗印とする産業組合法に則ったもので，お互いが少しずつの資金を出し合って共同の力で信頼のできる医師，薬剤師，産婆，看護婦などを抱え，何時でも軽費で心安く診察を受けられる様に組織したもので，お互いが「共同の病院」を持つことになるわけです。（中略）この組合に加入されん事を希望するもので，どうかどなたも御賛同御加入を願います。

　組合の区域は，赤穂村，飯島村，七久保村，上片桐村，片桐村，南向村，中澤村，伊奈村，富縣村，東春近村，西春近村，宮田村の12カ村です。

　病院は赤穂村に建設します。

　出資金は一口金五円で第1回払込金50銭，第2回以降は毎月50銭であります。第1回の払込がすめば組合員の資格が出来，其家族雇人も皆診察を受けられます。医療の機械器具を組合員の出資金によって備え付けるのです。

　診療科目　外科，内科，耳鼻咽喉科，産婦人科，レントゲン科等の予定で準備を進めて居ります。

　組合に加入するには加入申込書に住所氏名ご職業と持口記入して第1回払込金を添えて9月20日までに最寄りの役員又は募集委員に申し込み願います。

昭和8年9月

有限責任購買利用組合昭和病院　事務所赤穂村役場内

　1934年5月に起工式，7月に看護婦採用を行い11名採用している。8月に名古屋大学より医師全員着任し，開院式を行っている。

　9月3日に有限責任購買利用組合昭和病院は開業している。経営母体の組合役員は，組合長，副組合長，専務理事以下20人総勢23人であり，診療区域は赤穂村他12カ村であった。

　診療科目は，外科，皮膚科，泌尿器科，内科，小児科，産婦人科，耳鼻咽喉科，レントゲン科，光線療法科の9科で医師7人，薬剤師2人，レントゲン技師1人，看護師11名，その他事務職によって開業している。組合員は2500人で一口5円を払い込んでいる。尚，1936年の組合員は5,085人，出資口数7,196

口となっている。

　料金規定では，注射料 50 銭から 5 円まで，手術料大手術 30 円以上 50 円ま
で，中手術 5 円以上 30 円まで，小手術 20 銭以上 10 円まで，薬価 15 銭以上
30 銭まで等の記載がある[2]。

　医師は，全員名古屋大学から派遣されている。この経緯は初代病院長の小畑
秀雄医師の記載文には，組合立病院の先駆者に名古屋大学の加藤三九朗医師が
おり，その関係から名古屋大学から医師を迎えることとなった。その後も名古
屋大学から医師の派遣を受けている，と書かれている。小畑院長は開院 1 年前
の 1933 年に院長就任予定に決定であり，開院年の 1934 年 7 月に病院地に赴任
し，開院後に院長に就任している。地元医師会との協調により何らのトラブル
もなく地方の有力病院として愉快に勤務することが出来たと述べている[3]。

病棟焼失から厚生連への移譲まで（1941 年〜1942 年）

　1941 年 3 月 27 日午前 4 時に精神病患者の放火によって，本館から火災が発
生して病棟の一部を残してほぼ全焼し，医療機械や書類什器も焼失している。

　病院焼失後は，職員はそれぞれ他病院に転職し，信用組合の一角を改造した
診療所は，医師 1 人，看護婦 8 人，事務員 2 人で外来診療と往診を行っていた
と記載がある。

　病院役員の全役員と赤穂町議会と協議した結果は以下であった。仮診療所を
設け診療を続ける。診療所は信用組合を借用する。上伊那郡一円での産業組合
連合組織を作って経営し復興を計る。復興のために一口 10 円の増資をしてお
よそ 7 万円をもって計画を立てる，というものであった。役員他の関係者が数
回にわたる協議の結果は以下である。設立委員者への委嘱，出資金 15 万円を
以て産業組合連合会を設立する。赤穂町は 3 万 8 千円を以て病棟他の建築を始
める。第一期工事は本館，第一病棟 26 室，看護婦宿舎，賄室他であり，第二
期工事は第二病棟 26 室であった。

　病棟焼失後の復興計画は直ちに着手され，同年 9 月に第一期工事は起工して

2　病院史誌 p.29 記載
3　病院史誌 p.30 記載

いる。翌1942年5月に病院は竣工し，6月から診療を再開している。再建された病院建物は，3病棟を有し病床数120床程であり，病院長が外科・泌尿科・婦人科を担当し，副院長が内科・小児科を担当して2人の医師が診療に当たっていた。戦時中であり物資は配給によって賄われ，入院患者の寝具は自宅から持参して，病室は畳敷きで，三度の食事も病室で作っていたと記載がある。

1942年3月に長野県信用販売購買利用組合連合会への病院経営の移管の話が出て，残余財産の見積もりがなされた。結果として，病院焼失から1年後の3月末に病院組合解散の総会が開催されて，組合が所有する病院の財産その他の譲渡が決議されている。結果として県購連に病院資産は5万円で譲渡されている。

7月25日に，長野県信用販売購買利用組合連合会赤穂昭和病院の開院式が行われている。12月に病院の精算完了の報告会があり，1943年7月の役員会を以て最後の引き渡し等が行われている。

長野県厚生連病院の時期（1942年〜1962年まで）

1942年7月に病院の経営は組合立病院から県購連立病院へ移行している。その後，県購連の機構の改革に伴って昭和病院の名称は次のように変わっている。1943年は長野県農業会昭和病院であり，1948年には長野県農村工業利用農業協同組合連合会昭和病院に変わり，1950年に，長野県厚生農業協同組合連合昭和病院となっている。

1942年の組合立病院から県購連立病院へ移行から，1962年の上伊那南部病院組合への譲渡までの歴史は以下である。

1942年7月に長野県信用販売購買利用組合連合会へ移管し，開院式を開催している。病院長は岡崎庸院長が就任している。11月に第二期工事の上棟式を行っている。

1943年に経営母体の機構の改革に伴って名称は長野県農業会昭和病院に変更している。第2病棟，第3病棟が完成して病床数は100床となっている。

1947年に岡山義雄院長が就任している。

1948年に長野県農村工業利用農業協同組合連合会昭和病院に名称を変更し

ている。伊那村診療所と西春近村赤城診療所を開設している。耳鼻咽喉科を併
設している。

1949年1月に歯科を併設しており、11月に松島隆院長が就任している。この当時の診療科は内科、外科、産婦人科、耳鼻咽喉科、歯科の5科であり医師は12人が所属していた。

1950年に長野県厚生農業協同組合連合会昭和病院に名称を変更しており、1962年まで厚生連の病院として運営されている。病床数は結核病床40床、一般病床90床合計130床となっている。

1951年に公的医療機関として厚生省より指定されている。

1952年に結核療養所の第6病棟が竣工済である。

1953年に患者給食場や配膳廊下、各病棟配膳室増改築を行っている。病床数は結核病棟94床一般病棟87床合計181床である。赤城診療所を閉鎖しており、関山博院長が就任している。

1955年に眼科を併設し診療を開始している。完全給食が追加承認されている。

1956年に伊那村診療所を閉鎖しており、第7結核病棟竣工により一般病床125床、伝染病床30床、結核病床105床合計260床となっている。

1960年に第一、第二病棟の改装を行っている。

1962年に高電圧のレントゲン装置の設置と耳鼻科ユニットを導入している。

組合立昭和伊南総合病院への移行から創立20周年まで（1958年～1978年まで）

1958年の秋頃から、駒ヶ根市・飯島町・宮田村・中川村の上伊那南部4市町村が厚生連に対して昭和病院の譲渡要求の運動を始めている。この頃の昭和病院は設備などの経費の多くが地元依存によって運営されていた。「新しいレントゲン機械を入れるとか、がん治療施設のアイソトープを入れるとか、看護婦宿舎を造るというような病院改善充実を図る場合、いつも市の負担を要求してくる」との記載がある[4]。1958年のアイソトープ治療施設はほとんどが地元

4 「病院史誌」p.51 記載

農協の出資に頼っていた。

　累年の出資負担に困難を生じていた農協は駒ヶ根市に補助を求めた。そこで上伊那南部4市町村は，南部医療機関整備運営研究会を作り研究した結果は，当地には公的な病院が無いから市町村直営の公立病院を建設する必要があり，それには昭和病院を譲渡してもらうのがよいのではということになった。「市が経営する病院の改善充実を図る場合，起債で実施することができるが，寄付金では起債できない。いっそのこと地方公共団体に昭和病院を譲渡してもらって，地元の病院として理想的なものに改善しようと意見が一致して，厚生連に交渉することになった」と記載がある。

　1959年7月に駒ヶ根市保健課長より県庁に対して上伊那南部伝染病組合の規約を改正して直営病院の設立運営に関する関係各所の見解を質し，その結果同年10月に上伊那南部病院規約の制定が認可された。この規約に基づいて病院組合議会を構成して，病院建設の協議を重ねている。南部4市町村は厚生連に対して昭和病院の譲渡を申し入れている。これに対して厚生連は重大問題であることから回答は保留している。

　昭和病院譲渡交渉について　1960年に，病院建設委員会は病院開設許可申請書を長野県医務課に提出している[5]。

許可申請書
病院の名称　上伊奈南部病院組合立国保伊南病院
開設場所　　駒ヶ根市赤穂2235番地の1
診療科目　　　内科，外科，整形外科，神経科，放射線科
開設目的
　地域住民は厚生連昭和病院他で入院治療を行っている。昭和病院は施設の改善を要するが，その機構上，市町村が積極的に投資できないため改善は不可能である。そのため国民健康保険直営の病院を開設して，模範的な診療を行い国民健康保険の療養給付の円滑を図り，国民健康保険事業の健全なる運営を期することを目的とする。

5　「病院史誌」p.52・p.53記載

　その後，厚生連と市町村組合側との交渉があり，最終的に長野県農業協同組合中央会長による昭和病院譲渡に関する会長案を示している。その内容は，1，厚生連は昭和病院を地元市町村に譲渡する。2，但し，病院組合はしばらくの間，医療事務を厚生連に委託する。3，譲渡の価格評価については，第三者を依頼し，即金ではなくて年賦償還とする，であった。

　これらの経緯から1962年4月に厚生連と経営委譲契約を調印している。契約内容は，1962年3月31日に昭和病院施設の一切を譲渡する。譲渡価格は6千万円とする。1966年3月まで厚生連に経営委託を行い，経営委譲期日は両者協議して定める。である。

昭和伊南総合病院20年のあゆみ（1963年〜1983年まで）

　1963年4月に長野県知事から，施設全般構造設備の使用許可と保健医療機関の指定を受けている。5月に厚生連から病院移管の一切の業務引継ぎを完了している。地域住民からの待望久しかった公立病院が発足している。

　当時の病院規模は，総病床数300床（一般病床220床，結核病床50床，伝染病病床30床）である。診療科目は，内科，外科，整形外科，産婦人科，耳鼻咽喉科，眼科，神経科，放射線科の8診療科であった。職員は，常勤医師11人，看護婦32人であり職員総数は125人であった。

　この当時の病院施設は，厚生連から委譲を受けた建物は，何れも木造2階建の第1病棟，第2病棟，第3病棟，結核病棟と，同じく木造2階建の，看護婦宿舎その他附属建物であった。病院組合が建設した建物は鉄筋コンクリート2階建の，診療棟，新館病棟，看護婦宿舎，その他附属設備であり，建物総面積は6,689m²であった。

　長野県知事より，病院運営に関する次のような認可を1963年に相次いで取得している。4月に結核予防法の医療を担当する医療機関指定，国民健康保険療養取扱期間の申出受理，5月に生活保護法による医療扶助のための医療機関の指定，診療報酬点数甲表適用認可，6月に基準看護・基給食の承認，8月に児童福祉法養育医療担当機関の指定，10月に労働保険指定医療機関の指定

　1964年は，6月に病院に総合病院の名称の使用の許可，8月に　救急病院の認定と告示を受けている。

　厚生連からの移譲後，診療活動も円滑に行われて数年間は経営も安定していたようである。しかし，1965 年に入り，老朽化した病院施設の整備が強く望まれ，1966 年から 3 カ年計画で病棟の増改築が行われている。建物の増改築が完了する 1966 年頃から病院経営に陰りが見えて，その後は，急激に経営状態は悪化している。これは医師不足によるものが大きかった。そして，病棟増改築の借入返済負担の影響もあった。1966 年から赤字会計となったが，赤字は年々累積していた。

　1974 年に 20 年間病院長を務めた関山博院長が退職したことで，名古屋大学との関連は益々薄くなった。1975 年に小口源一郎院長が就任して，常勤医師の増加を図り，結果として 1974 年に 10 人であった医師が 1978 年には 21 人となっている。

　診療科を 1976 年泌尿器科，麻酔科，1978 年皮膚科，循環器科に新たに設置している。そして 1975 年の手術室拡張，外来診察室の拡充，1978 年の CT 室と人工透析室の増築，1979 年の救急救命センターの開設等が行われている。

　1976 年 3 月に，病床数は 270 床（一般 256 床，結核 14 床）に改正している。

　1976 年より一般会計から病院事業会計への増額を図ったこと，1978 年以降の救命救急センター運営費補助等の国，県補助金制度の導入したこと，医師の増加と診療科の増設もあり，1977 年に単年度黒字化となり 1979 年以降は累積欠損金を解消して利益剰余金を計上するようになっている。

　患者の増加に伴う設備の充実や老朽化設備の更新等の施設整備の必要性から 1979 年に自治体病院施設センターに「増改築マスタープラン」の作成を依頼して 1980 年から 3 カ年継続事業として移転新築事業に取り掛かっている。1983 年 1 月に病院新築工事を竣工し，3 月に病院新築竣工式並びに公立移管 20 周年記念式を挙行している。新病院の診療は病床数一般 300 床で介している。

　病院設備の増改築や診療内容の充実を背景として，病院職員も増加している。1963 年の職員総数は 125 人（医師 11 人，看護婦 38 人，事務職等 28 人その他 48 人），1968 年の職員総数は 173 人（医師 6 人，看護婦 64 人，事務職等 48 人その他 55 人），1973 年の職員総数は 211 人（医師 9 人，事務職等 62 人その他 71 人），1978 年の職員総数は 263 人（医師 21 人，看護婦

104 人，事務職等 65 人その他 73 人），1982 年の職員総数は 283 人（医師 21 人，看護婦 125 人，事務職等 56 人その他 81 人）である。

図表⑦ - 1　病院組織図（1963 年）

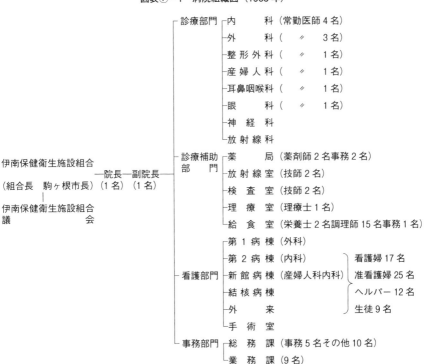

出所：「病院史誌」p.70

図表⑦-2　病院組織図（1982 年）

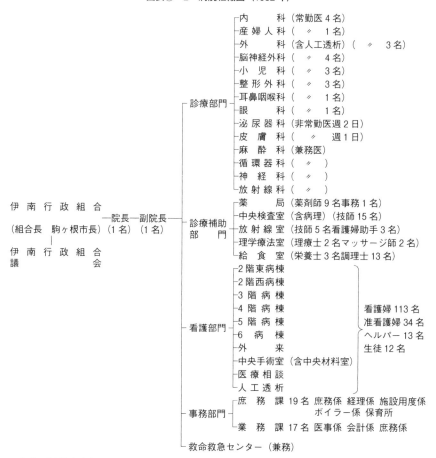

出所：「病院史誌」p.71

診療部門の状況

　1968 年頃から医師不足によって経営状況が悪化おり，名古屋大学からの医師派遣で構成していた医師が順次引き上げられ，その後任が得られずにパート医師等で切り抜けていた。医師不足からの内科外来の 2 カ月休診，産婦人科の一時閉鎖等があった[6]。

　各診療科の状況についての記載を見ると，当初は名古屋大学医学部からの医

師派遣により，診療を行っていた。その後，産婦人科は 1959 年よりその他の
診療科は 1970 年代より信州大学から医師の派遣を受けて診療を行っていた状
況が分かる[7]。

内科

内科に関しての記述は，従来名古屋大学医学部第Ⅲ内科より医員派遣があっ
たが，1968 年の東大医学部から始まった学園紛争の影響を受けて，1970 年 3
月より医師派遣が途絶えたため，一時内科外来を閉鎖していた時期もあった。
その後医師の赴任他で 1972 年信州大学第Ⅰ内科より医師を迎えて常勤医 4 人
で診療に当たっていた。その後信州大学第Ⅱ内科からパート派遣を受けて，そ
の後は同内科から常勤医師の派遣を受けて，診療内容も充実したものになって
いる。

外科

当院の外科は名古屋大学の関連病院として医師が派遣されていたが，1974
年から信州大学第Ⅰ外科が担当することになっている。最初に派遣された医師
が精力的に医療に取り組んだため，その後に同医局から医師が派遣されるよう
になっている。1975 年の小口院長就任から名古屋大学に代わって信州大学の
関連病院となっている。

整形外科

1964 年に整形外科を担当する医療機関の指定を受けて，名古屋大学から 2
週間交代で医師の派遣があった。1969 年に信州大学から常勤医師が赴任して
いる。その後常勤医の退職により信州大学から派遣で週 2〜3 回診療を行って
いた。1975 年より常勤医 3 人態勢で診療に当たっている。

6　「病院史誌」p.61 記載
7　「病院史誌」pp.86-99 記載の各診療科の医師の出身医局動向から認識できる。

脳神経外科

名古屋大学出身の医師によって発展していたが。1970年から信州大学第Ⅰ
外科との関係から医師が赴任している。名古屋大学からの医師派遣もあった
が，信州大学脳外科が成長して，名古屋大学からの後継者がいなくなり信州大
学一色の脳外科に転換したと記載がある。岡谷・飯田西地域の病院に脳神経外
科開設したことから取扱患者の受け入れ地域は狭まったと記載がある。

産婦人科

当初は名古屋大学医学部産婦人科より医師の派遣を受けていたが，1959年4
月から信州大学から産科医師が派遣されている。但し，派遣されない時期も
あったようで休診していた時期もあった。1970年代は年間500件ほどの分娩
件数があると記載されている。

看護部門の状況

1963年委譲当時の看護部門は総勢59人（看護婦15人，准看護婦28人，看
護助手7人，准看護婦生徒9人）であった。看護部門組織は下図のように，看
護婦長の下に副婦長2人と主任2人が病棟を担当し，外来は主任が担当する組
織であった。

1968年5月に病棟改築工事が竣工したことに伴い看護組織は次のように再
編している。総婦長の下に看護単位は9部門あり，病棟婦長が6病棟と中央手
術室，中央材料室を担当し，外来婦長が各診療科を担当している。尚，ICU

図表⑦-3　1963年当時の看護部門組織図

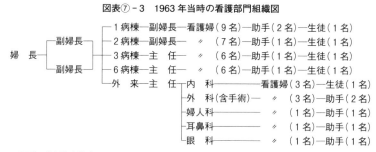

出所：「病院史誌」p.120

図表⑦-4　1968年当時の看護部門組織図

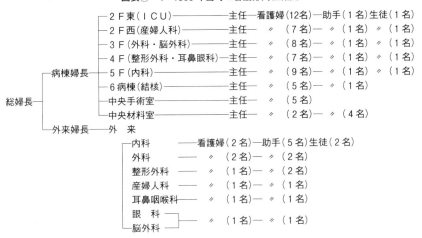

出所：「病院史誌」p.121

図表⑦-5　1979年当時の看護部門組織図

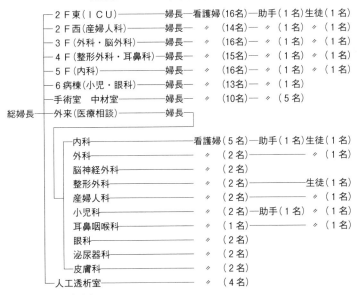

出所：「病院史誌」p.121

病棟が新設されたことによって，先進病院として視察や見学が頻繁に行われていた。翌 1969 年に院内保育所の開設や 1970 年の奨学資金貸与規定等によって看護婦の養成と採用に努めている。

　1979 年より看護人員を流動的に活用する方法を検討した結果，図表⑦ - 5 のような組織に再編している。総婦長の下に看護単位は 8 部門あり，病棟婦長が 6 病棟と，手術室中材室，外来を担当している。

　看護部門の人員は，診療内容の充実と採用に注力した結果漸増しており，1963 年の 63 人から 1968 年は 99 人となり，1973 年は 103 人に，1978 年は 150 人，1981 年は 158 人となっている。

事務部門

　1963 年経営移管時の事務部門は，事務長のもとに総務課 5 人，業務課 9 人，その他（運転手 1 人，電話交換 1 人，院外回り 1 人，掃除婦 6 人，洗濯担当 1 人）で発足している。総務課は人事給与その他，経理，施設用度を担当し，業務課は患者受付，医事業務を担当している。一部事務組合立であるため，経理のうち現金出納は駒ヶ根市収入役が管理していた。総務課長は駒ヶ根市派遣職員が任命されていた。

　1968 年より事務長も駒ヶ根市役所から派遣された職員が就任していたが，その後の経営悪化に伴い，1974 年より病院担当専従副組合長（事務長兼務）が置かれて，庶務課（6 人）医事課（11 人）経理課（6 人）の 3 課制となっている。その後，院内業務から外部委託に順次切り替えており，院内清掃業務，給与計算，洗濯と寝具集配業務，電話交換業務，夜間警備，給食食器洗浄業務が外部委託へ移行している。

　1976 年に経理課を廃止して庶務課（12 人），医事課（12 人）の 2 課制となり，その後医事課は業務課と改称している。

創立 20 周年の病院史誌記載以降（1983 年～）

　病院史誌の記載は 1983 年で終了している。これ以降の出来事は当院のウェブサイトに記載されたものを編年で記載する。

　1984 年に歯科を開設している。1986 年に形成外科を開設している。

1992 年に MRI 室増改築を行っている。

1993 年に創立 60 周年，公立 30 周年記念式を挙行している。

1996 年に外来棟を増築している。同年，県立看護大学が当院で実習を開始している。

1997 年にリハビリテーション科の増改築と作業療法を開始している。

1998 年 7 月に病院創立 65 周年，組合立 35 周年，移転新築 15 周年を挙行している。

1999 年 11 月に介護保険法による指定居住サービス事業者として指定をうけている。

2000 年 11 月に地域医療連携室・診療録管理室を設置している。

2001 年 1 月に日本医療機能評価機構による病院機能評価（Ver3.1）認定をうけている。

2003 年 8 月に病床区分を「一般病床」で届出ており，2007 年 7 月に病床数 235 床で運用している

2009 年 4 月に地方公営企業法の全部適用となり病床数 220 床で運用している。DPC 対象病院となる。

2012 年 4 月に回復期リハビリステーション病棟 35 床を開設し，一般 177 床・回復期リハ 35 床・ICU4 床・HCU4 床　計 220 床で運営している。

2015 年 5 月にハイケアユニット病床を 8 床から 12 床に変更し，一般 177 床・回復期リハ 35 床・HCU12 床　計 224 床で運営している。11 月に運用病床の変更で 224 床から 239 床（一般 192 床・回復期リハ 35 床・HCU12 床　計 239 床）となる。

2016 年 3 月に地域包括ケア病棟オープン（入院料 1）32 床し，一般 160 床・回復期リハ 35 床・地域包括 32 床・HCU12 床　計 239 床で運営している。

2017 年 3 月に昭和伊南総合病院新改革プランを策定して，翌 2018 年 4 月に新病院建設準備室を設置している。

第Ⅱ部参考文献

Barnard, C. I. (1938) The Functions of Executive, Cambridge, Mass: Harvard University Press.（山本安次郎・田杉競・飯野春樹訳（1968）「経営者の役割」ダイヤモンド社）

相澤病院創業100周年記念誌編集プロジェクトチーム（2008）『相澤病院創業100周年記念誌』

浅野信久（2006）「M＆Aで加速する病医院チェーンの戦略研究」「医療経営白書2006年版」日本医療企画

医療経営白書編集委員会編集〔2001〕「医療経営白書2001年版」日本医療企画

医療法人社団高邦会編『高木病院30年史』

医療法人社団日鋼記念病院（1986）『日鋼記念病院七十五年史』

大久保隆弘(2006)『リーダーは95歳』ダイヤモンド社

大阪赤十字病院（2000）『大阪赤十字病院九十年史』

学校法人国際医療福祉大学編『国際医療福祉大学10年史』

川俣馨一（1910）『日本赤十字社発達史』

木村廣道監修（2006）「変身を加速する医療ビジネス再編のリーダーたち」かんき出版

社会福祉法人恩賜財団済生会（2003）『済生会この十年―創立九十周年記念―』

昭和伊南総合病院（1983）『病院史誌』

聖路加国際病院八十年史編纂委員（1982）『聖路加国際病院八十年史』

聖路加国際病院100年史編纂委員会(2002)『聖路加国際病院100年史』

東京都済生会中央病院（1967）『東京都済生会中央病院五十年史』

中島明彦（2007）『ヘルスケアマネジメント』同友館.

日本赤十字社（1926）『日本赤十字社五十年史』

羽田明浩（2009）「病院組織の発展段階モデルの検証―聖路加国際病院の事例研究」ビジネスクリエーター研究　Vol.1.pp51-66

日野原重明・高木格邦（2003）『よみがえれ，日本の医療』中央公論新社

日野原重明（2002）『死をどう生きたか』中央公論新社

立教大学立教学院史資料センター編集（2007）『立教大学の歴史』

索　引

著者紹介

羽田明浩（はねだ・あきひろ）

国際医療福祉大学医療マネジメント学科・同大学院医療福祉学研究科教授，
博士（経営学）

1962 年　生まれ
1986 年　立教大学経済学部卒業。三井銀行（現・三井住友銀行）入行
2013 年　立教大学大学院経営学研究科博士課程修了　三井住友銀行勤務
　　　　　を経て
2013 年　国際医療福祉大学大学院准教授
2018 年より現職
　［主要著者］
『競争戦略論から見た日本の病院』（創成社，2015 年）
『ナースのためのヘルスケア MBA』（創成社，2017 年）
『医療経営戦略論』（創成社，2021 年）
『ポストコロナのヘルスケア経営戦略』（共著，文眞堂，2022 年）

ヘルスケア経営組織論

2022 年 11 月 25 日　第 1 版第 1 刷発行　　　　　　　検印省略

編　者　羽　田　明　浩
発行者　前　野　　　隆
発行所　株式会社　文　眞　堂
　　　　　東京都新宿区早稲田鶴巻町 533
　　　　　電　話　03（3202）8480
　　　　　F A X　03（3203）2638
　　　　　http://www.bunshin-do.co.jp
　　　　　〒162-0041 振替00120-2-96437

製作・モリモト印刷
©2022
定価はカバー裏に表示してあります
ISBN978-4-8309-5199-2 C3034